山西博物院

藏品概览·铜镜卷

山西博物院 编

文物出版社

图书在版编目（CIP）数据

山西博物院藏品概览．铜镜卷 / 山西博物院编．-- 北京：文物出版社，2020.12
ISBN 978-7-5010-6828-9

Ⅰ．①山… Ⅱ．①山… Ⅲ．①文物—介绍—山西②古镜—铜器（考古）—介绍—山西 Ⅳ．① K872.25

中国版本图书馆 CIP 数据核字（2020）第 196689 号

山西博物院藏品概览·铜镜卷

编　　者 / 山西博物院

责任编辑 / 许海意
责任印制 / 张道奇
装帧设计 / 谭德毅

出版发行 / 文物出版社
社　　址 / 北京市东直门内北小街 2 号楼
邮政编码 / 100007
网　　址 / http://www.wenwu.com
邮　　箱 / web@wenwu.com
经　　销 / 新华书店
制版印刷 / 北京荣宝艺品印刷有限公司
开　　本 / 889毫米×1194毫米　1/16
印　　张 / 16.25
版　　次 / 2020年12月第1版
印　　次 / 2020年12月第1次印刷
书　　号 / ISBN 978-7-5010-6828-9
定　　价 / 280.00元

《山西博物院藏品概览·铜镜卷》
编辑委员会

序言

山西位于黄河中游，地处中原农耕文化和北方草原文化交汇区域。特定的地理位置和多元的文化交流，为三晋大地留下了丰富而鲜明的历史文化遗产。山西现有不可移动文物53875处，其中全国重点文物保护单位452处。国有馆藏可移动文物320万件(组)。这些美轮美奂的文物，恰如散落在黄土地上的点点繁星，折射出华夏文明的璀璨光辉。

山西博物院前身为1919年创建的山西教育图书博物馆，是中国最早设立的博物馆之一，至今已有100年的历史。1953年起称山西省博物馆。2005年建成开放的山西博物院坐落在龙城太原美丽的汾河西岸，2008年起向公众免费开放，成为全国首批国家一级博物馆，是山西省最大的文物收藏、保护、研究和展示中心。院藏的40余万件文物荟萃全省精华，其中新石器时代陶寺遗址出土文物、商代方国文物、两周时期晋及三晋文物、北朝文物、石刻造像、历代地方陶瓷、金代戏曲文物等颇具特色。

为保护传承山西历史文化，合理利用文物资源，以文明的力量助推社会的发展进步，值此建馆100周年之际，我院将分期分批推出院藏文物精品图录，藉以向为山西博物馆事业付出辛勤劳动、无私奉献和关心支持的各界人士表示崇高的敬意和衷心的感谢！同时希望更多的社会各界人士关注、关爱、支持山西博物馆事业的发展！

回望百年，一代代晋博人薪火相传，筚路蓝缕。遥望未来，新时代的文博人将栉风沐雨，砥砺前行。习近平总书记强调，要“系统梳理传统文化资源，让收藏在博物馆里的文物、陈列在广阔大地上的遗产、书写在古籍里的文字都活起来”。作为三晋文化的弘扬和传承者，山西博物院将认真贯彻落实习近平总书记关于文物工作的重要指示批示精神，坚持把社会效益放在首位，着力打造“艺术展示的殿堂，学生学习的课堂，民众休闲的乐园”，使博物馆成为推动经济社会发展、彰显地域文化魅力、提升人民生活品质的有力支撑，为不断谱写新时代中国特色社会主义山西新篇章而不断努力！

谨以此献给山西博物院成立100周年。

山西博物院院长 [signature]

2019年1月

综述

铜镜是古代日常生活用具，也是多彩多姿的艺术品。

铜镜的使用可追溯至距今4000多年前。1975年甘肃广河齐家坪齐家文化墓葬出土的一面小型铜镜，是目前所知中国发现最早的铜镜。1976年青海省贵南县尕马台齐家文化墓葬出土的一面小型铜镜，镜面平滑，背置钮并饰七角星几何形图案。商代墓葬中发现有少量背面有几何纹的青铜镜。西周时期各地墓葬虽有铜镜出土，但仍寥寥可数，背面光素或只饰有简率的几何条纹。量少镜小、图案简单、体薄质差，是中国早期铜镜的特点。

春秋战国时期，社会变革加剧，铜镜制作应时随势发展起来。战国中期以后，铜镜形制规范、铸造精细，花纹装饰种类丰富，实用与艺术结合得更紧密。除素镜类外，纹饰类镜有纯地纹镜（如羽状地纹镜、云雷地纹镜）、花叶镜、山字镜、菱纹镜、禽兽纹镜（如兽纹、凤鸟纹）、蟠螭纹镜、羽鳞纹镜、连弧纹镜等。一些纹饰如蟠螭纹、兽面纹、羽状纹、云雷纹等在商周青铜器上较为常见，显示出铜镜工艺与青铜器整体铸造的关系。春秋战国铜镜的装饰手法大致有浮雕、线雕、彩绘、嵌错等，布局主要有双圈式、对称式、环绕式。战国时期，青铜器嵌错工艺更为流行，铜镜上可见金银、琉璃、玉石等镶嵌加工，较为精美。如山西博物院藏嵌绿松石花瓣菱纹镜。战国时期，三晋地区开始多见青铜镜。在山西侯马晋国铸铜遗址中曾发现有翻铸青铜镜和阳燧的陶范，范上有变形兽纹、交龙纹、鱼纹、走兽纹和绹纹。

战国时期山字纹镜以所饰“山”字形的数量命名，其中以四山纹镜为多，“山”字多斜向排列，地纹以细密羽状纹常见，疏密相衬，甚为可观，如院藏四山花瓣纹镜等。

汉代一统，铜镜铸造技术广为传播，使用铜镜和随葬铜镜蔚然成风，铜镜数量激增，分布地域广布。以铜镜随葬，事死如生，寄意祛邪驱魔，祈福求庇。

汉初，战争频仍，社会经济凋敝，铜镜式样多袭自战国，流行题材常见山字纹、龙纹、蟠螭纹、四叶纹等，这些纹饰其实在战国楚镜上更为常用，反映出汉初与楚文化的紧密联系。汉代中期，国富民强，青铜镜铸造得获重大发展。装饰题材有新兴的草叶纹镜、铭文镜、星云镜等，并常见以四乳钉均匀分割图案。这种四分式布局形式，一直影响到东汉早期。此之后，地纹逐渐消失，主纹成为铜镜的单一图案。西汉中期博局纹镜极为流行，常见博局纹和鸟兽、羽人、四灵、铭文等元素相结合，如院藏博局四乳四神纹镜、博局八乳四鸟纹镜等。另外，七乳禽兽带纹镜也比较常见。西汉晚期，四乳四虺纹流行，常见铭文、连弧纹装饰，四乳钉间装饰的禽兽神仙纹开始流行。王莽建立新朝后，艺术风貌承袭西汉，表现手法仍以阳线勾勒轮廓，构图格局仍采用乳钉纹间隔，纹饰新出现了青龙、白虎、朱雀、玄武四神纹以及牛、羊、鹿、兔等禽兽，如四乳四神镜。

东汉早期，大量流行云雷纹镜，连弧四叶纹镜也逐渐流行。东汉中期，连弧纹镜、夔凤纹镜出现并开始流行。东汉中期出现的龙虎纹镜，后比较多见。东汉晚期，变形四叶纹盛行，四叶间多饰有禽鸟仙兽，南方地区流行浮雕的神兽纹、画像纹镜，而北方地区则流行夔凤纹镜。

铭文镜是汉代铜镜的一个重要品类。西汉早期开始出现，多为三字或四字句，如“大乐未央”“千秋万岁”“愿毋相忘”等。西汉中期，铭文内容有“昭明”“日光”“铜华”等；西汉晚期铭文装饰最为盛行，多与连弧纹结合构成镜背的主题纹饰，新出现了清白镜。新莽时期前后，新出现铭文“尚方”“青盖”“吕氏作镜”“新有善铜”等，铭文开始退居陪饰地位。东汉早期常见“长宜子孙”“长宜高官”“长生宜字”“家常富贵”等，铭文字体多做长脚花式篆，字体秀丽。东汉中期，大量涌现出私人姓氏作镜铭文。东汉晚期，四字铭文的“位至三公”“君宜高官”比较常见，纪年铭文也大量出现，铭文书体以汉隶为主。

三国两晋南北朝，政局动荡，经济萎缩，铜料运输通道受阻，铜镜铸造陷入低潮。制镜工艺多持汉镜风格，但仍出现一些新的装饰题材，如以十二生肖图案和云雁纹、鸳鸯纹等，为隋唐铜镜的铸造开拓了新的视野。

隋唐时期，国家统一强盛，民族交流融合，社会安定开放，中外贸易和文化交流频繁。文化艺术吸收外来因素，兼容并蓄，呈现丰富多彩、欣欣向荣的局面。隋唐铜镜题材广泛，风格多变，造型精巧，工艺进步，体现出强烈的时代精神。造型上出现葵花、菱花、六角、八角、“亚”字形、弧边等形制；纹饰内容丰富，主要镜类四神十二生肖镜、瑞兽镜、瑞兽葡萄镜、瑞兽鸾鸟镜、花鸟镜、瑞花镜、神仙人物故事镜、盘龙镜、八卦镜、万字镜等。

瑞兽葡萄镜是唐代铜镜中的大类，数量最多，流行最广，华贵艳丽。此类铜镜以高浮雕葡萄为主题花纹，间饰瑞兽、雀鸟、凤蝶和花草。其布局一般以轮环间隔为内外两区，内区多为瑞兽配葡萄及长瓣花或杂以鸾凤，外区多为蜂雀配葡萄或杂以兽类。可细分为葡萄蔓枝镜、瑞兽葡萄镜、瑞兽鸾鸟葡萄镜三类，流行于唐高宗武则天时期，这一时期也正是瑞兽纹饰向花鸟、植物纹饰转变阶段。

花鸟纹镜主题纹饰为禽鸟和花枝的有机组合，主要有雀绕花枝镜、双鸾衔绶镜和双鸾镜等。花鸟纹在唐代丝织品、金银器和建筑装饰上也比较流行。唐代诗人多有诗咏之，李商隐《饮食代官妓赠两从事》“愿得化为红绶带，许教双凤一时衔”、李群玉《伤拓枝妓》“曾见双鸾舞镜中，联飞接影对春风”等。

瑞花镜是盛唐时期盛行的另一种铜镜类型，可分为宝相花镜、花枝镜、“亚”字形花叶镜等。宝相花镜瑞花大多以莲花为主，是佛教艺术中特有的花卉形象，艺术处理成为图案化的花朵。布局或采用散点式排布，或花瓣以钮座为中心放射状构图。形制以葵花形最多，也有菱花形和圆形。花枝镜、“亚”字形花叶镜均以写实性的花卉作为装饰。

东汉时曾流行一时的画像镜，到盛唐时

演变为以神仙人物故事纹为主的新形式，题材广泛，涉及神话传说、民间故事、历史轶闻及社会生活等许多内容。常见月宫镜、飞仙镜、三乐镜、狩猎纹镜等。月宫镜取材嫦娥奔月故事；飞仙镜类展现佛道两教飞仙形象，有的衬以仙山祥云；三乐镜则取材于《列子·天瑞》中孔子游于泰山问乐故事，镜上常有“荣启奇问曰答孔夫子”铭。

晚唐时期，国力衰微，铜镜铸造日渐萧瑟。此时，含有宗教题材的纹饰盛行，如八卦镜、卍字纹镜等。卍字镜是唐代典型的宣扬佛法的青铜镜，镜背中心饰一双钩的“卍”字，“卍”字在梵文中意为“吉祥万得之所聚”，佛教认为它是释迦摩尼胸部所现的“瑞相”，武则天长寿二年定“卍”读为“万”，有时与“永寿”“万岁”等吉语排列一起，寓吉祥之意。如院藏五岳仙山纹镜。八卦镜则以八卦纹为主，配以符箓、星象、干支等具有道教意味的纹样。如院藏“程家造作”铭八卦纹镜、“精金百炼”铭八卦文镜、“阴精百炼”铭八卦纹镜等。

五代十国、宋、辽、金时期，政局多变，民族杂处，铜镜制作表现出共性的同时，开始出现独特的民族风格。北宋初期，铜镜形式尚存唐代遗风，除圆形、方形、葵花形、菱花形外，“亞”字形镜被大量使用，葵花形、菱花形镜变八出花瓣为六出花瓣。新出现了钟形、鼎形、盾形、瓶形、扇形、长方形、鸡心形、带柄形等。带柄形镜突破了传统铜镜钮系悬挂的习惯，更趋实用方便。宋镜装饰题材以缠枝花卉和神仙人物故事纹、八卦纹为多。花卉纹有芙蓉、菊、莲，有的配鸳鸯、鸾凤、孔雀、喜鹊等；神仙人物故事以仙人龟鹤长寿题材为主。北宋末年直至南宋时期，素地上铭铸商标字号的铜镜盛行，许多字号商标都冠以州名、标明姓氏，有的还注明店铺所在地。其中最为著名的铸镜地区是浙江湖州、江西饶州和四川成都。铭文格式一般是地名+姓名+称呼，如院藏湖州石念二叔镜。素背铭文镜中也有一些铸造吉语铭文的铜镜，内容有“福寿家安”“忠孝之家”等，开创了此类铜镜铸造的先河。如院藏“福寿家安”铭文镜，主纹区由两周凸弦纹分为内外两区，内区铭“福寿家安”，字间各填一“喜”字图案；外区铭“清素传家，永用宝鉴”。辽代铜镜受中原影响，质地、造型与纹饰与宋镜基本相似，因受限于铜料不足，铜镜多体薄且小，铸工不精。

金代铜镜铸造除吸收中原铜镜的优良传统，还融入了游牧民族的豪放气质，多富有生活气息。主要有两类。一类仿汉唐镜，如仿汉星云纹镜、昭明镜、瑞兽镜等，仿唐镜中瑞兽葡萄镜等。另一类为自创的各种图文镜，有双鱼镜、历史人物故事镜、禽兽纹镜、瑞花镜等。历史人物故事镜流行题材有童子攀枝、王质观棋、许由巢父、犀牛望月、柳毅传书、牛郎织女故事等，多为中原地区广为流传的典故、民间传说或轶闻趣事。禽兽纹镜包括盘龙镜、瑞兽镜、凤鸟纹镜等。金代实行铜禁政策，凡铸铜镜必经官府监制或验看，因此铜镜边缘常见錾刻官府的验记文字和押记，一些则直接铸有官、私铸造的铭文。

元代铜镜质粗量少，造型纹饰承袭宋金，较少创新。元人笃信佛道，铜镜中用阴刻梵文作装饰的准提咒镜和八卦镜、八仙人物故事镜较有特色。院藏有准提菩萨咒文镜，主纹内区为准提菩萨，结跏趺坐于莲花宝座上，伸出十四臂，手持各类法器；外区和镜缘处饰梵文咒语。铭文镜中有吉语镜如“寿山福海”，有纪年镜，作单行排列，有在镜缘刻铸造匠师名款镜等。

明代铜镜以圆形多见，钮式以银锭形低平钮为主。明代铜镜一般尺寸较大，边缘凸起。铜镜中有部分仿汉唐纹样，仿汉镜主要是日光镜、昭明镜、博局纹镜和神人车马镜，仿唐镜主要是葡萄镜。装饰题材上，明洪武年间云龙纹镜较多，隆庆以前多见龙、凤、鹿、鱼、花草、人物之类。之后，铭文镜多见。万历年铸铜镜纪年多用干支。神仙人物故事镜多见八仙寿老、仙人出行图案，另有八宝、杂宝图案，即在银锭钮外饰人物、宝塔、仙鹤和各种寓意吉祥的宝物，如金鱼、盘肠、宝钱等。院藏仙阁人物多宝纹镜，以钮为中轴，近处香炉，远近仙阁楼台；香炉左右，排列方胜、犀角、宝瓶等吉祥纹饰；钮左右各有二人执宝；仙阁左右，仙鹤飞舞，一派祥和仙气。吉祥铭文镜多四字，如“长命富贵”“状元及第”“五子登科”等，常对称分布在钮的上下左右。商标名号镜多铸造在镜的钮顶，这种钮常呈平顶圆柱形，仍以湖州镜最负盛名。

清代铜镜种类减少，纹饰简化，传统题材龙、凤、狮子、双鱼之类仍可见用，神仙人物故事镜有仕女游园、童子嬉戏等。吉语铭文镜比较流行，铭文有“三元及第”“福寿双全”“寿山福海”“百子团圆”等。也有吉祥图案加铭文式样，如岁寒三友镜、双喜五福镜等。清代湖州薛家铸镜以薛惠公最闻名，薛惠公是湖州产镜世家薛氏后人，名晋侯，字惠公，镜上常有“薛晋侯”“薛惠公”款号。

中国古代铜镜铸造历史悠久，造型精巧多变、纹饰题材广泛。山西博物院藏铜镜自战国至清，各代均有涉及，体系较为完备，其中以战国、汉、唐、宋金、明为多。方寸之间，妆奁照容，昭示了古代先民的思想文化轨迹；图纹华丽，铭文丰富，为我们认识和研究古代社会历史文化及政治经济提供了可靠的实物资料。

郭智勇

2020年10月

目录

西周

春秋

战国

汉

元

明

清

铜镜卷·图版

素地镜

西周

直径 8.2 厘米

1958 年山西洪洞永凝堡出土

圆形，弓形钮，素面。

蟠螭纹镜

春秋

直径 9 厘米

1988 年山西省太原市金胜村赵卿墓出土

圆形。桥形钮。主纹为三条昂首卷躯的蟠螭，躯体中部各缠绕一条小虺，虺头与螭头相对。鳞纹为地，外有一周绹索纹。

素地镜

战国

直径 9.2 厘米

2018 年山西省太原市迎泽区公安局移交

圆形，弓形钮，素面。

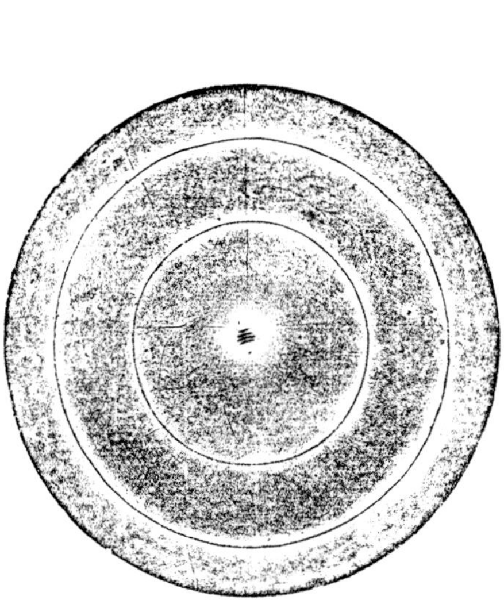

弦纹素地镜

战国

直径 12.8 厘米

2018 年山西省运城市闻喜县公安局移交

圆形，三弦钮。镜背饰两周细弦纹。

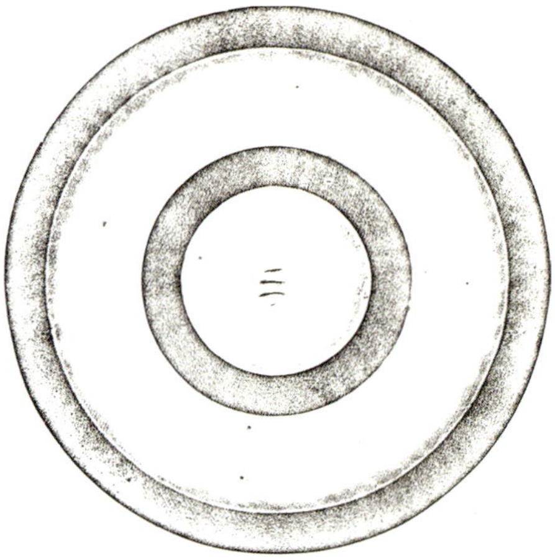

重圈素地镜

战国

直径 16.3 厘米

2018 年山西省运城市闻喜县公安局移交

圆形，三弦钮。镜背饰两周宽凹弦纹。

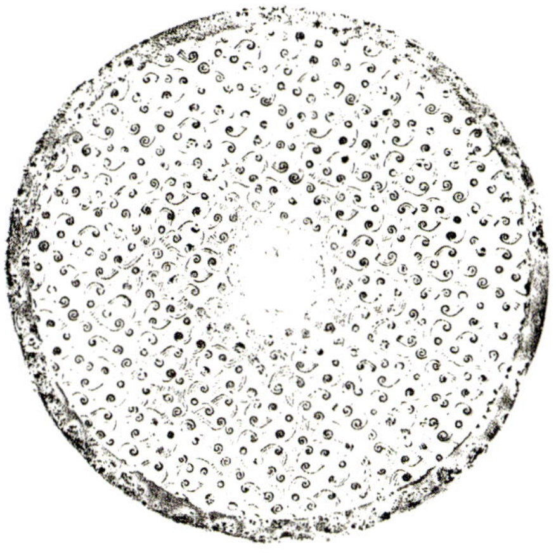

羽状地纹镜

战国

直径 10.6 厘米

2018 年山西省运城市闻喜县公安局移交

圆形。半环形钮，窄素缘。主纹区满饰细密繁缛的羽状纹。

羽状地纹镜

战国

直径 11.1 厘米

2018 年山西省运城市闻喜县公安局移交

圆形。四弦钮，圆钮座，座外为双线内向连弧纹凹面。主纹区满饰羽状纹。

四山花瓣纹镜

战国

直径 13.7 厘米

2018 年山西省运城市闻喜县公安局移交

圆形。三弦钮，重圈凹面方钮座。座外四角及各边分饰一花瓣；各边花瓣又各饰两枝长条叶脉，形成一个四角星；星星四角又各饰一花瓣。主纹饰为四个“山”字，作左旋排列；羽状地纹。

四山花瓣纹镜

战国

直径 11.2 厘米

2018 年山西省运城市闻喜县公安局移交

圆形。三弦钮，重圈凹面方钮座。钮座四角各伸出一花瓣。主纹饰为四个“山”字，作左旋排列，“山”字之间各置一花瓣；羽状地纹。

四山花瓣纹镜

战国
直径 11.3 厘米
2018 年山西省运城市闻喜县公安局移交

圆形。三弦钮，重圈凹面方钮座。钮座四角各伸出连续二花瓣。主纹饰为四个“山”字，作左旋排列，羽状地纹。

嵌松石花瓣菱纹镜

战国

直径 10 厘米

旧藏

圆形。三弦钮，小双重圆钮座。主纹为规则排列的菱纹，形成九个不规则的纹饰区：对称的四区域内各饰一四瓣花朵纹，花蕊部分填以绿松石；其他四格均为一花瓣。

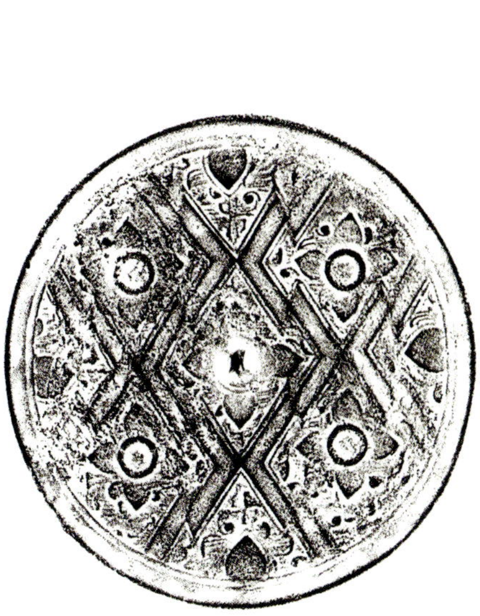

花瓣菱纹镜

战国

直径 11.5 厘米

2018 年山西省太原市迎泽区公安局移交

圆形。三弦钮，小双重圆钮座。主纹为规则排列的菱纹，形成九个不规则的纹饰区；对称四区域内各饰一四瓣花朵纹；其他四格均为一花瓣。

花瓣菱纹镜

战国

直径 11.4 厘米

2018 年山西省运城市闻喜县公安局移交

圆形。三弦钮，小双重圆钮座。主纹为规则排列的菱纹，形成九个不规则的纹饰区：对称的四区域内各饰一四瓣花朵纹，其他四格均为一花瓣。

凤纹镜

战国

直径 18.1 厘米

1971 年山西省榆次市王湖岭榆锦 6 号墓出土

圆形。钮残，重圈圆钮座。主纹为三组凤纹，凤回首顾盼，身躯抽象为藤蔓式图案。

蟠龙纹镜

战国

直径 11.4 厘米

旧藏

圆形。三弦钮，重圈圆钮座。主纹为三组独体式蟠龙，羽状地纹。其外饰一周斜线纹，素卷缘。

三龙纹镜

战国

直径 18.5 厘米

2014 年于山西省文物交流中心征集

圆形。三弦钮，外围饰一周凹面环形带。主纹为三只奔腾飞跃的龙。云雷地纹，素卷缘。

蟠螭纹镜

战国

直径 10.9 厘米

1965 年山西省长治市分水岭第 126 号墓出土

圆形。半环形钮，圆钮座。内外区以一周宽弦纹为界，内区饰六瓣莲瓣纹，莲瓣内填兽面；外区饰相互缠绕的蟠螭纹。近缘处饰一周绹索纹。窄素缘。

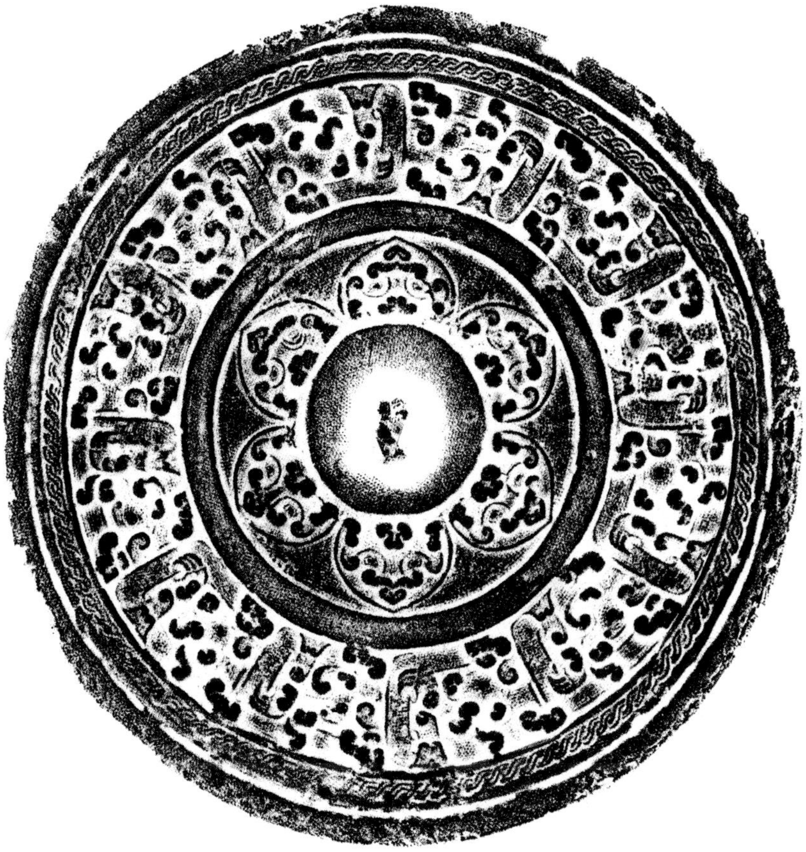

蟠螭纹镜

战国

直径 15.8 厘米

2018 年于山西省文物交流中心征集

圆形。钮残缺，重圈圆钮座。主纹区由折叠菱纹分为三区，每区置一变异蟠螭纹；云雷地纹。素卷缘。

蟠螭纹镜

西汉
直径 11.3 厘米
1961 年于北京购买

圆形，三弦钮。主纹为四组夔龙逆时针绕钮环列。素卷缘。

变形蟠螭纹镜

西汉
直径 14.9 厘米
2018 年于山西省文物交流中心征集

圆形。三弦钮，重圈圆钮座。钮座内填短斜线纹。主纹为三只大蟠螭，身躯为一折叠菱纹构成。素卷缘。

“见日之光”铭草叶纹镜

西汉

直径 10.8 厘米

旧藏

圆形。半球形圆钮，柿蒂纹钮座，座外细线方格和宽凹面方框内填铭文“见日之光，天下大明”。方格的外四角各出一双瓣花枝纹，将主纹饰分为四区。每区中部有一乳钉，乳钉两侧各有一支单层草叶纹。内向十六连弧纹缘。

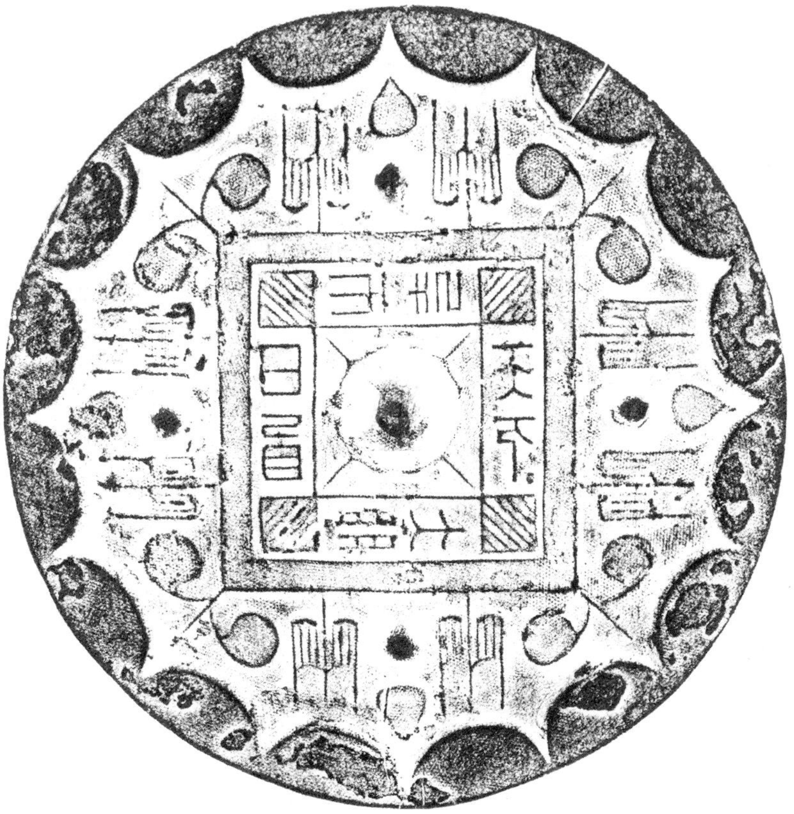

星云纹镜

西汉

直径 11 厘米

旧藏

圆形。博山钮，圆钮座，钮座外为十六连弧纹，内向连弧缘。主纹为细线连接的大小不一的乳钉所形成的图案，其形状似天文星象。

星云纹镜

西汉
直径 10.2 厘米
1960 年于北京购买

圆形。博山钮，内向连弧缘。主纹区四乳钉将镜背分为四区，每一区为数枚乳钉以细线连接的星云纹。

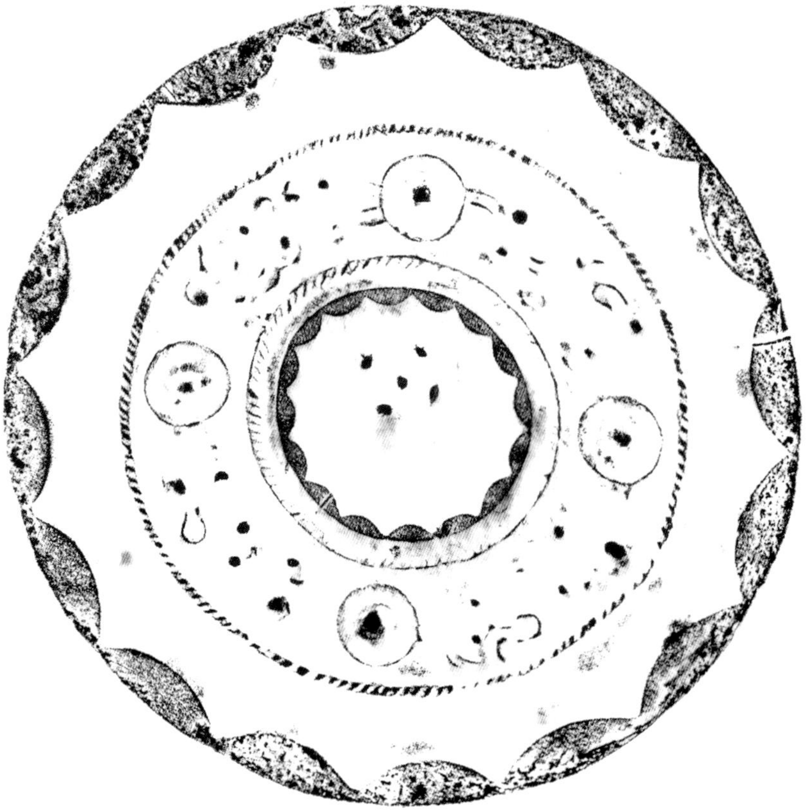

星云纹镜

西汉

直径 11.1 厘米

2019 年山西省运城市闻喜县公安局移交

圆形。博山钮，圆钮座，钮座外为十六连弧纹，内向连弧缘。主纹为四乳相间的星云纹。

星云纹镜

西汉
直径 15.6 厘米
2014 年于山西省文物交流中心征集

圆形。博山钮，其外有四乳钉以弧线相连接。钮座外饰一周十六连弧纹凸棱。主纹饰带为四枚带变异柿蒂纹钮座的乳钉将其分为四区，每区有数枚小乳钉以长短不一的弧线相连接。内向连弧缘。

四乳四螭纹镜

西汉
直径 10.5 厘米
旧藏

圆形。圆钮，圆钮座，宽素缘。主纹饰四乳钉相间简化的四螭，螭背和尾部填饰鸟纹。

四乳双龙纹镜

西汉
直径 10.6 厘米
旧藏

圆形。圆钮，柿蒂纹钮座，内向连弧缘。主纹为两条首尾相接的龙，弯曲龙体间均匀分布四乳钉纹。

四乳四螭纹镜

西汉

直径 16.4 厘米

2019 年山西省运城市新绛县公安局移交

圆形。圆钮，柿蒂纹钮座，宽素缘。主纹为四乳钉相间的四螭，其身躯为双龙、二虎的局部。

蟠螭连弧纹镜

西汉

直径 14.2 厘米

2019 年山西省运城市闻喜县公安局移交

圆形。三弦钮，凹面圆钮座。主纹区以云雷纹为地，其上饰以蟠螭纹，蟠螭纹上作宽凹带六内向连弧纹。素卷缘。

四乳双龙纹镜

西汉

直径 10.5 厘米

2018 年山西省太原市迎泽区公安局移交

圆形。圆钮，重圈圆钮座。主纹饰两条蜿蜒攀爬的龙，四肢遒劲有力，躯干弯曲处填饰四带座乳钉。素卷缘。

“昭明”圈带铭文镜

汉

直径 10.8 厘米

2014 年于山西省文物交流中心征集

圆形。圆钮，圆钮座，宽素缘。座外饰一周凸弦纹和一周内向连弧纹，其外两周短斜线纹内填一周铭文带：“内而清而以昭明，光而象夫日月，心忽而不泄。”

博局四神纹镜

汉

直径 17.8 厘米

旧藏

圆形。圆钮，柿蒂纹钮座。钮座外框线内十二乳钉和十二地支铭顺时针间隔排列；主纹区内以博局纹分为四区，青龙配禽鸟、白虎配蟾蜍、朱雀、玄武均配羽人；再外为一周铭文带："尚方乍（作）竟（镜）真大巧，上有仙人不知老，渴饮玉泉饥食枣，由（游）天下敖（遨）四海。"缘饰两周锯齿纹，间饰双折线纹。

博局四神纹镜

汉

直径 13.3 厘米

旧藏

圆形。圆钮，重圈圆钮座。主纹区由四乳钉和博局纹分为四区，分置四神；再外为一周铭文带。缘饰流云纹带。

博局四神纹镜

汉

直径 13.2 厘米

旧藏

圆形。圆钮，柿蒂纹钮座。主纹区由乳钉纹和博局纹分为四区，分置青龙、白虎、朱雀、玄武四神，外为一周短斜线纹。缘饰两周锯齿纹和一周双折线纹。

博局八鸟纹镜

汉

直径 15.2 厘米

旧藏

圆形。圆钮，圆钮座。主纹区由博局纹分为四区，各置二鸟。缘饰双折线纹，间饰圆点。

博局四神纹镜

汉

直径 19 厘米

2014 年于山西省文物交流中心征集

圆形。圆钮，柿蒂纹钮座。主纹区由博局纹分为四区，分置青龙、白虎、朱雀、玄武四神。缘饰锯齿纹和流云纹。

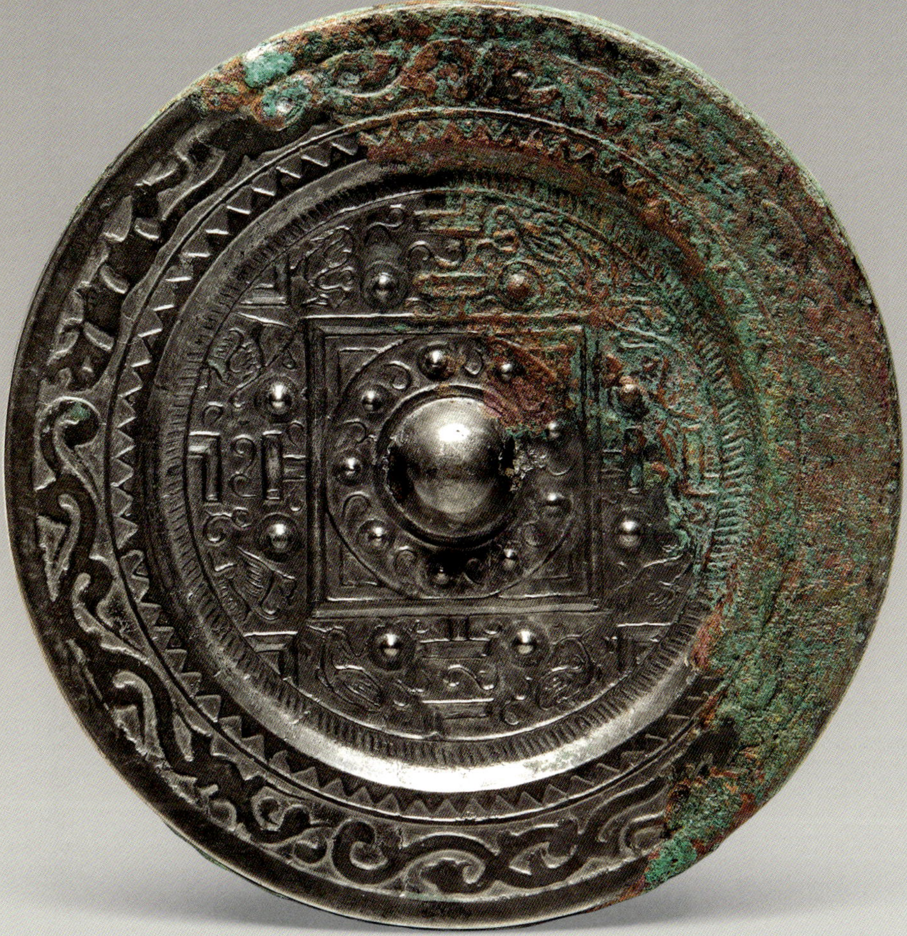

博局瑞兽纹镜

汉

直径 12.3 厘米

1978 年山西省太原市电解铜厂拣选

圆形。圆钮，九乳圆形钮座。主纹区由乳钉纹和博局纹分为四区，间饰瑞雀、羽人纹饰，外饰一周短斜线纹。缘饰锯齿纹和四神纹画带。

博局四鸟纹镜

汉

直径 10.5 厘米

1960 年于山西省太原市购买

圆形。圆钮，圆钮座。座外线框内间饰十二乳钉纹与十二地支铭。主纹为博局纹内填四鸟，等距间隔八乳钉。缘饰锯齿纹和流云纹。

博局几何纹镜

汉

直径 13.9 厘米

2018 年于山西省文物交流中心征集

圆形。圆钮，重圈圆钮座，座外为双线凹面大方框。主纹区由八乳及博局纹分成四方八极，内饰简单双线纹；近缘处为一周斜线纹和一周铭文："桼言之始自有纪，練（炼）冶同（铜）锡去其宰（滓），辟除不阳（祥）宜古（贾）市，长。"缘饰锯齿纹和流云纹。

博局四神纹镜

汉

直径 11.5 厘米

2014 年于山西省文物交流中心征集

圆形。圆钮，圆钮座。主纹区由乳钉纹和博局纹分为四区，内饰青龙、白虎、朱雀、瑞兽四神。宽缘饰一周云纹。

六乳禽兽纹镜

汉

直径 12.5 厘米

旧藏

圆形，圆钮，圆钮座。主纹区六乳间隔四神演变的禽兽纹饰，外为一周铭文："上□□□大吉□王。"缘饰两周锯齿纹。

七乳禽兽纹镜

汉

直径 15 厘米

旧藏

圆形。圆钮，花瓣纹钮座。主纹为七乳钉间饰青龙、白虎、禽鸟、蟾蜍、羽人等吉兽祥禽纹饰。缘饰一周双折线纹。

连弧纹镜

汉

直径 10.8 厘米

旧藏

圆形，大圆钮，重圈圆钮座，宽素缘。主纹饰八内向连弧纹。

“长宜子孙”铭连弧纹镜

汉

直径 9.4 厘米

1957 年金烈候捐赠

圆形。圆钮，柿蒂纹钮座。柿蒂间有铭文“长宜子孙”四字，外饰八内向连弧纹。宽素缘。

“君宜高官”铭连弧纹镜

汉

直径 10.8 厘米

1960 年于北京购买

圆形。圆钮，柿蒂纹钮座。柿蒂间有铭文“君宜高官”四字，外饰内向连弧纹。宽素缘。

“长宜子孙”铭连弧纹镜

汉

直径 19.7 厘米

1974 年北京市文物处移交

圆形。圆钮，蝙蝠形柿蒂座。座外四柿蒂间铭“长宜子孙”四字，外围一周内向连弧纹，弧间各填一字铭文，合读为“作用同（铜）青（菁/清），寿如山石。”宽素缘。

云雷纹带连弧纹镜

汉

直径 22.1 厘米

2019 年山西省运城市闻喜县公安局移交

圆形。圆钮，柿蒂纹钮座。座外有内向连弧纹一周，主纹饰一周云雷纹带。宽素缘。

“三王善”铭神兽纹镜

汉

直径 12.7 厘米

旧藏

圆形。圆钮，圆钮座。主纹区由一周凸弦纹分为内外两区，内区饰对峙的龙虎；外区饰四神瑞兽纹，间隔六铭，合读“三王善作明镜”。近缘处饰栉齿纹和画纹带。

蝙蝠形柿蒂座连弧纹镜

汉

直径 11.2 厘米

1959 年上海博物馆拨交

圆形。圆钮，蝙蝠形柿蒂座；座内四角各铭一字，模糊难辨。近缘为内向连弧纹。宽素缘。

“位至三公”铭双凤纹镜

汉

直径 8.5 厘米

1964 年山西省太原市冶炼厂拣选

圆形。圆钮，圆钮座。钮上直书“位至”，下直书“三公”；左右各置一简易凤纹；再外为一周斜线纹。宽素缘。

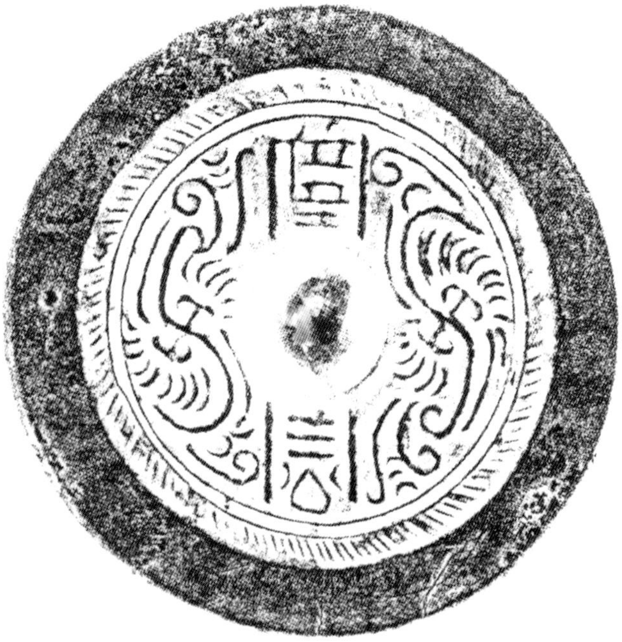

四乳禽兽纹镜

东汉

直径 17.5 厘米

旧藏

圆形。大圆钮，重圈圆钮座。四乳钉将主纹区一分为四，分饰禽鸟、羽人、蟾蜍、瑞兽，再外为一周铭文带：“尚方乍（作）竟（镜）真大巧，上有山（仙）不知。”缘饰双线流云纹。

“长宜子孙”铭四乳四神镜

东汉
直径 17.8 厘米
1961 年于北京购买

圆形。圆钮，圆钮座。座外一周双线圆圈纹，内填几何纹饰；外饰双线方框，框内四角各一字铭文，合读为“长宜子孙”。主纹区四枚乳钉将镜背分为四区，置青龙、白虎、朱雀、玄武四神。镜缘处由里及外依次饰栉齿纹、锯齿纹、花枝纹。

神人车马画像镜

东汉
直径 22.7 厘米
1959 年上海博物馆拨交

圆形。大圆钮，圆钮座。座外有一周连珠纹。主纹区由四乳钉分为四区，左右夹钮分饰东王公和西王母，上饰舞蹈纹，下饰一乘四马驾车；外为一周铭文："朱氏作竟（镜）四夷服，多贺国家人民息，胡虏殄灭天下复，风雨时五谷孰（熟），长保二亲子孙力，传之后世〔乐〕毋极，东王公、西王母、王昌（倡）车马在左右，仙人子侨□□□。"缘饰流云纹。

神人神兽画像镜

东汉

直径 12.8 厘米

旧藏

圆形。圆钮，圆钮座，座外环绕一周连珠纹。主纹区由乳钉一分为四，饰瑞兽和对坐神人图案。外为一周铭文："天王日月吉。"缘饰锯齿纹。

“青盖”铭龙虎纹镜

东汉至三国魏晋时期

直径 12.3 厘米

旧藏

圆形。大圆钮，圆钮座。主纹区浮雕环钮对峙龙虎纹；外为一周铭文：“青盖作竟四夷服，多贺国家人民息，胡虏殄灭天下复，风雨时节五谷熟，长保二亲得天力。”缘饰两周锯齿纹，间饰一周双折线纹。

“长宜子孙”铭柿蒂凤纹镜

汉或三国两晋南北朝
直径 15.8 厘米
1974 年北京市文物处移交

圆形。大圆钮，柿蒂纹钮座。钮座四角各铭一字，合读为“长宜子孙”；座外间饰变形凤纹。缘饰扁圆形连弧纹。

龙虎纹镜

魏晋

直径 11.8 厘米

1975 年山西省太原市东太堡砖厂出土

圆形。圆钮，凹面圆钮座。主纹为夹钮对峙龙虎纹，钮正下方又有一龙；外有一周铭文："龙氏作竟（镜）佳且好，明而日月世之保（宝），大吉矣。"缘为栉齿纹和双折线纹。

瑞兽孔雀葡萄纹镜

唐

直径 17.5 厘米

2019 年山西省运城市闻喜县公安局移交

圆形。伏兽钮，宝相花纹缘。主纹区分内外：内饰六只高浮雕瑞兽，外饰孔雀葡萄纹。

瑞兽鸾鸟葡萄纹镜

唐

直径 21.5 厘米

旧藏

圆形。伏兽钮，如意云纹缘。主纹区由联珠凸弦纹分为内外两区：内区于葡萄枝蔓中饰穿梭的九只海兽，或俯、或卧、或仰，姿态各异；外区于葡萄枝蔓中间饰八海兽与八鸾鸟。

海兽葡萄纹镜

唐

直径 9.8 厘米

旧藏

圆形。伏兽钮，如意云纹缘。主纹分内外区：内绕兽钮饰四只海兽，昂首俯卧，其间葡萄枝蔓沿凸棱伸入外区；外饰四只飞禽，嬉戏于葡萄枝蔓中。

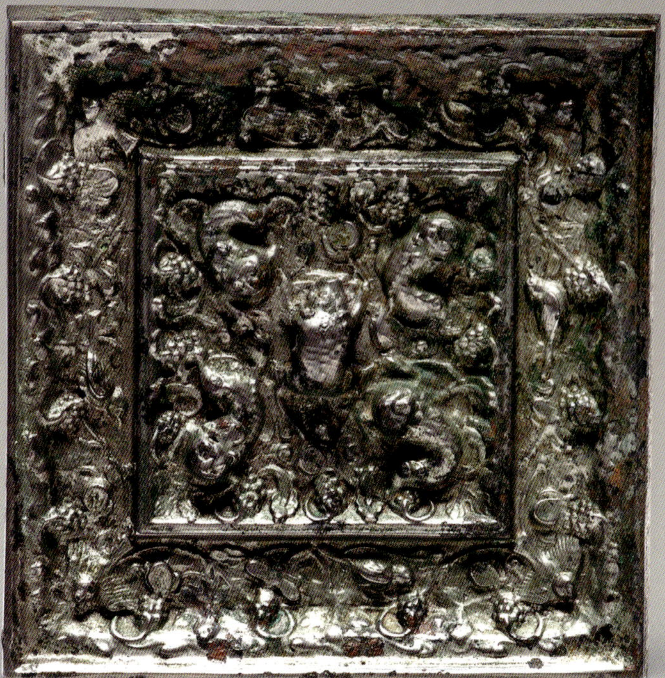

海兽葡萄纹方镜

唐

边长 8.9 厘米

1961 年于北京购买

方形，伏兽钮。主纹区由方形凸棱分为内外两区：内区四角饰四只海兽，昂首侧卧，葡萄枝蔓缠绕其间；外区于葡萄枝蔓间饰数只嬉戏禽鸟。

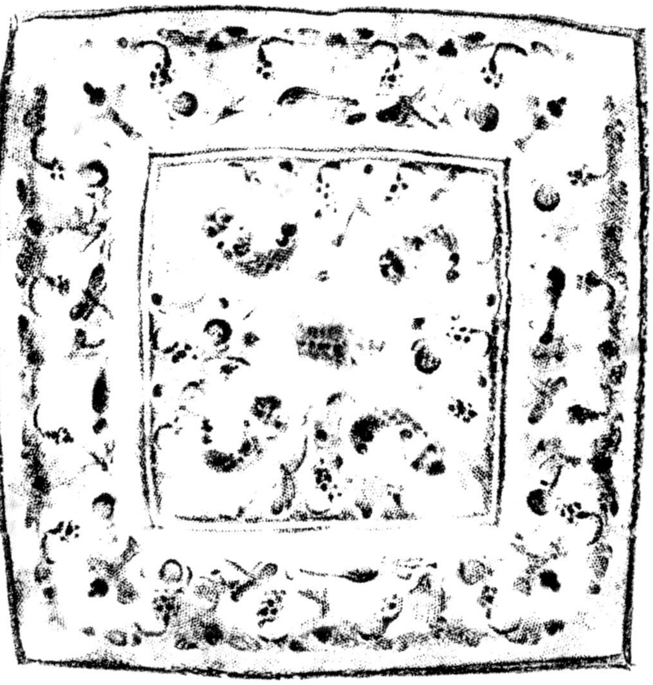

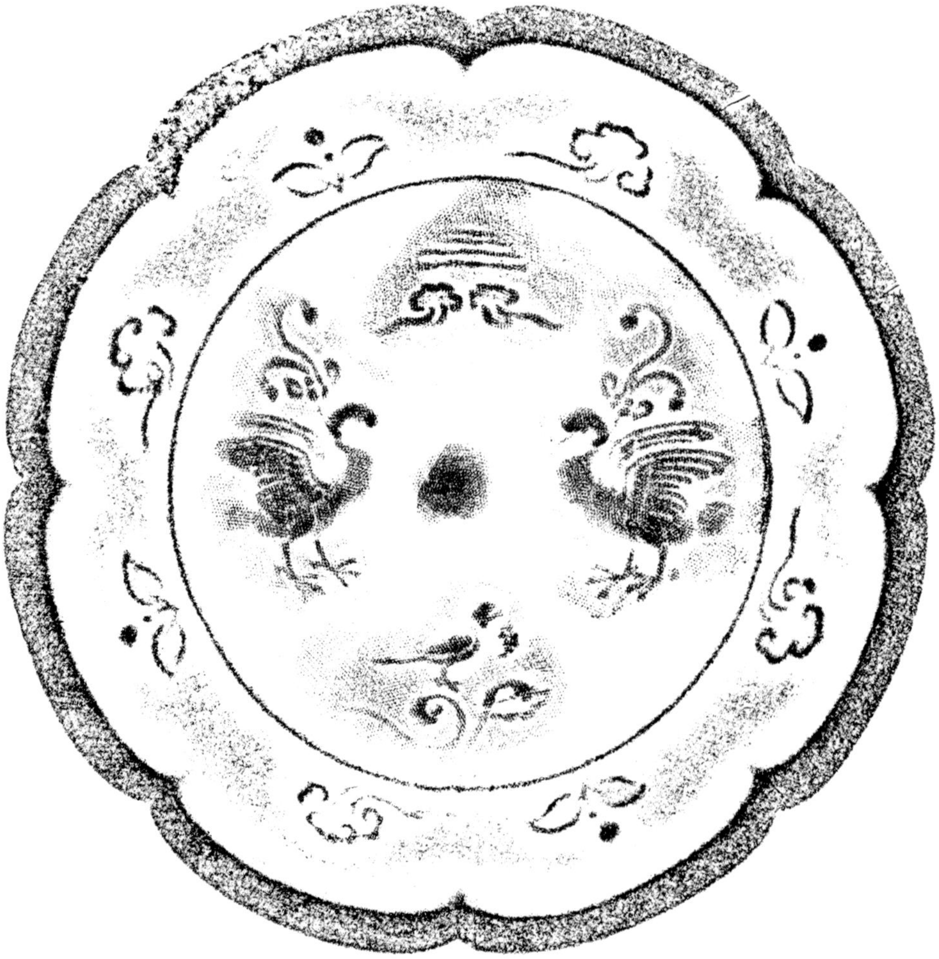

双鸾花鹊纹镜

唐

直径 13.7 厘米

2014 年于山西省文物交流中心征集

八出葵花形，圆钮。主纹区分内外，内区于钮左右两侧饰相视的双鸾衔绶，主纹区上部饰两朵祥云，下部饰喜鹊登枝图；外饰祥云、花果纹饰带。

双鹊衔绶鸳鸯花卉纹镜

唐

直径 17 厘米

1979 年山西省太原市电解铜厂拣选

八出菱花形，圆钮。主纹区，镜钮两侧各饰一只鸳鸯，颈结绶带，相视而立；上方饰两只立鸟，共衔一只方胜结绶带；下方饰葡萄茎叶缠绕纹。镜缘饰一周间隔排列的祥云纹和花叶纹。

双鸾双鹊镜

唐

直径 21 厘米

2019 年山西省运城市新绛县公安局移交

八出葵花形，圆钮。左右两侧花枝上各饰一只嘴衔绶带的鸾鸟，曲颈振翅，相视而立，尾羽后扬；上方饰双鹊，各衔方胜结绶带一角；下方饰山峦和树木。镜缘饰如意云纹。

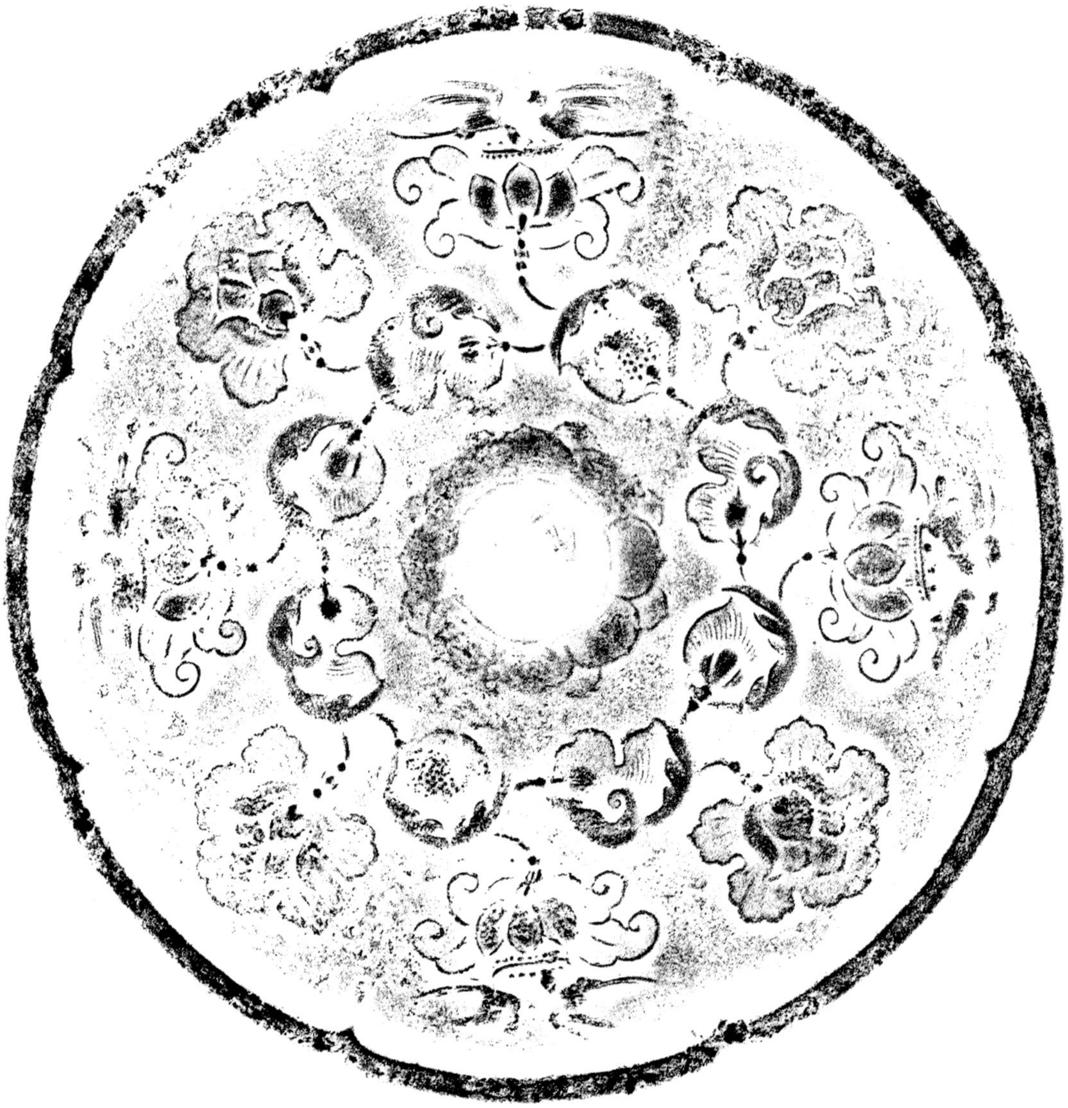

双鹊鸳鸯荷花纹镜

唐

直径 30.4 厘米

2019 年山西省运城市闻喜县公安局移交

八出葵花形。圆钮，莲瓣纹钮座。主纹饰为花枝缠绕、间隔排列的莲蓬和花苞，上下两莲蓬上各饰对鹊，莲蓬上各饰鸳鸯。

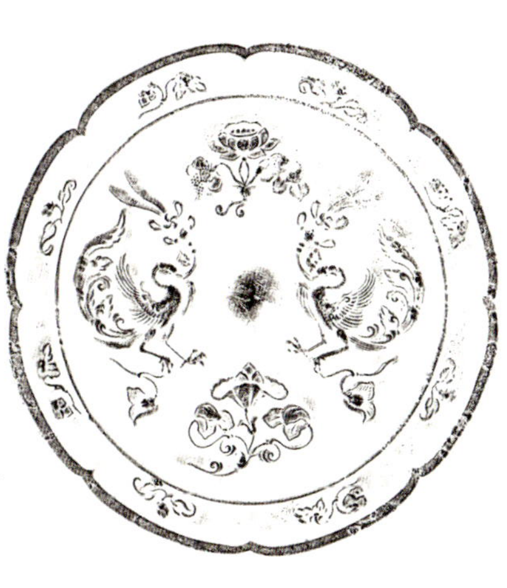

双鸾荷花纹镜

唐

直径25厘米

2014年于山西省文物交流中心征集

八出葵花形，半圆钮。左右两侧各浮雕出一只嘴衔绶带的鸾鸟，站立于花枝上；上方刻绘莲蓬，下方刻绘花苞。外区饰一周八枝花苞。

四鹊穿花纹镜

唐

直径 13 厘米

旧藏

八出菱花形，伏兽钮。主纹饰为飞翔穿梭花间的四鹊。近缘处饰一周相间的花苞与流云纹。

双鸾双狮纹镜

唐

直径 12.5 厘米

山西省太原市电解铜厂拣选

八出菱花形，圆钮。主纹饰双鸾与双狮环绕排列于祥云间。外区为一周飞蝶与花苞相间纹饰。

双鸾双狮纹镜

唐

直径 12 厘米

2014 年于山西省文物交流中心征集

八出菱花形，伏兽钮。主纹饰双鸾与双狮环绕排列在花枝间。外区为一周飞蝶与祥云相间纹饰。

双鸾天马瑞兽纹镜

唐

直径 12 厘米

2014 年于山西省文物交流中心征集

八出菱花形，伏兽钮。主纹饰双鸾与双马相间环绕排列，其间点缀四朵花枝。外区饰一周如意云纹。

四花镜

唐

直径 16.3 厘米

1965 年山西省太原市冶炼厂拣选

葵花形，圆钮。主纹区四朵姿态各异的花朵环钮而列。

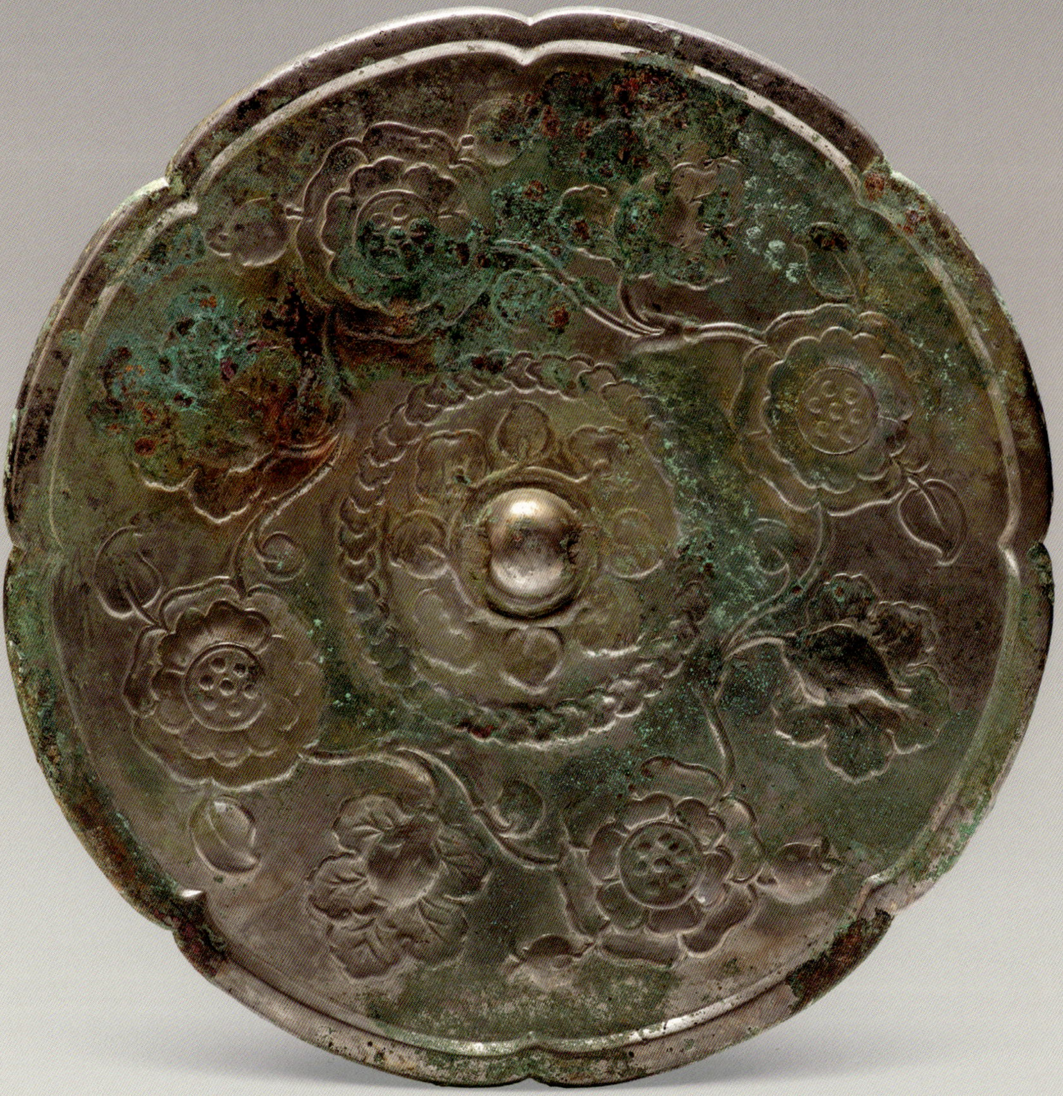

缠枝莲花镜

唐

直径 24.6 厘米

2019 年山西省运城市闻喜县公安局移交

八出葵花形。圆钮，花瓣纹钮座，窄素缘。主纹区枝蔓缠绕，花叶衬托花苞，与四朵盛开的荷花相间排列。

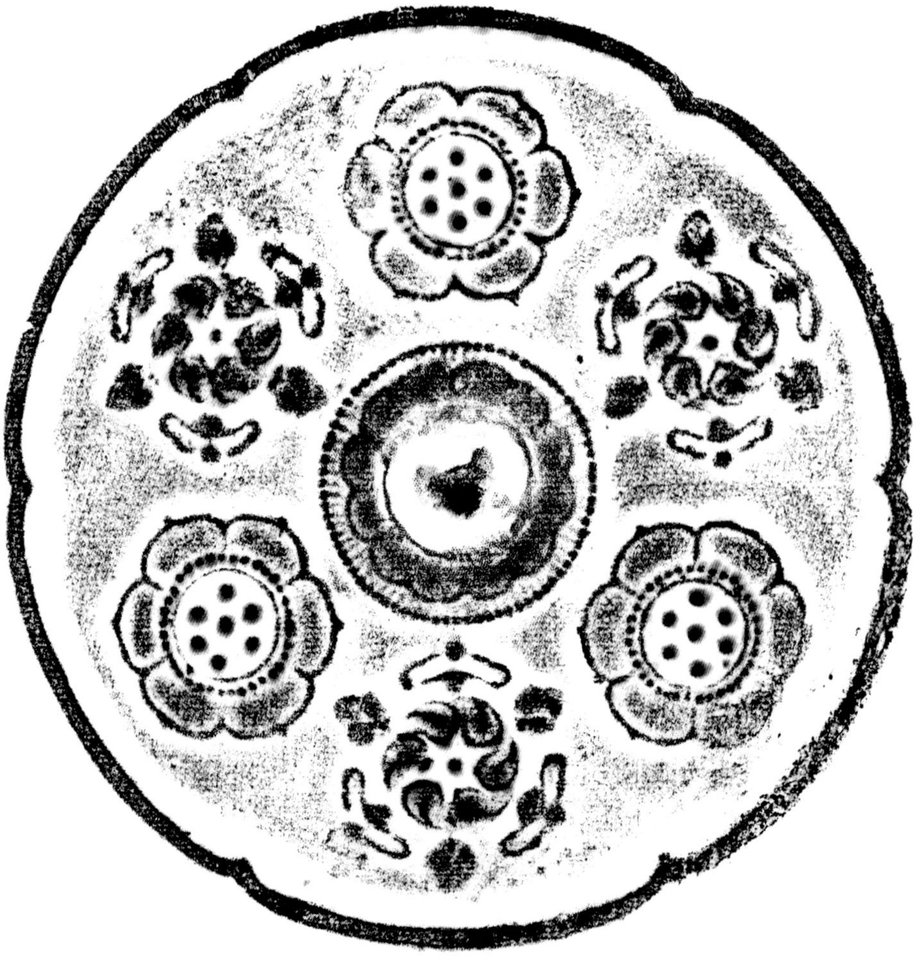

宝相花镜

唐

直径 16.5 厘米

2019 年山西省运城市闻喜县公安局移交

六出菱花形。圆钮，花瓣纹钮座。主纹为两种六朵宝相花相间环钮排列。

宝相花镜

唐—五代

直径 14.3 厘米

2018 年于山西省文物交流中心征集

六出葵花形。圆钮，花瓣纹钮座。主纹为两种六朵宝相花相间环绕排列。

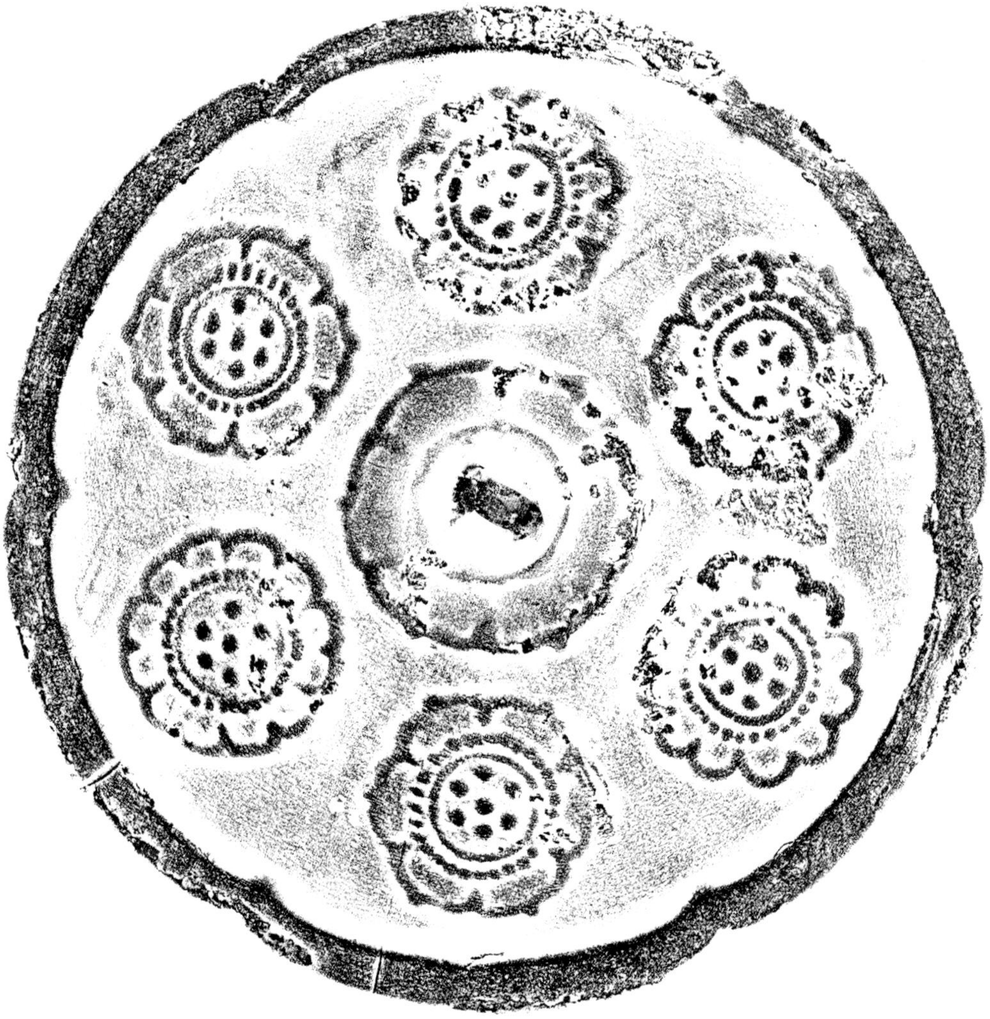

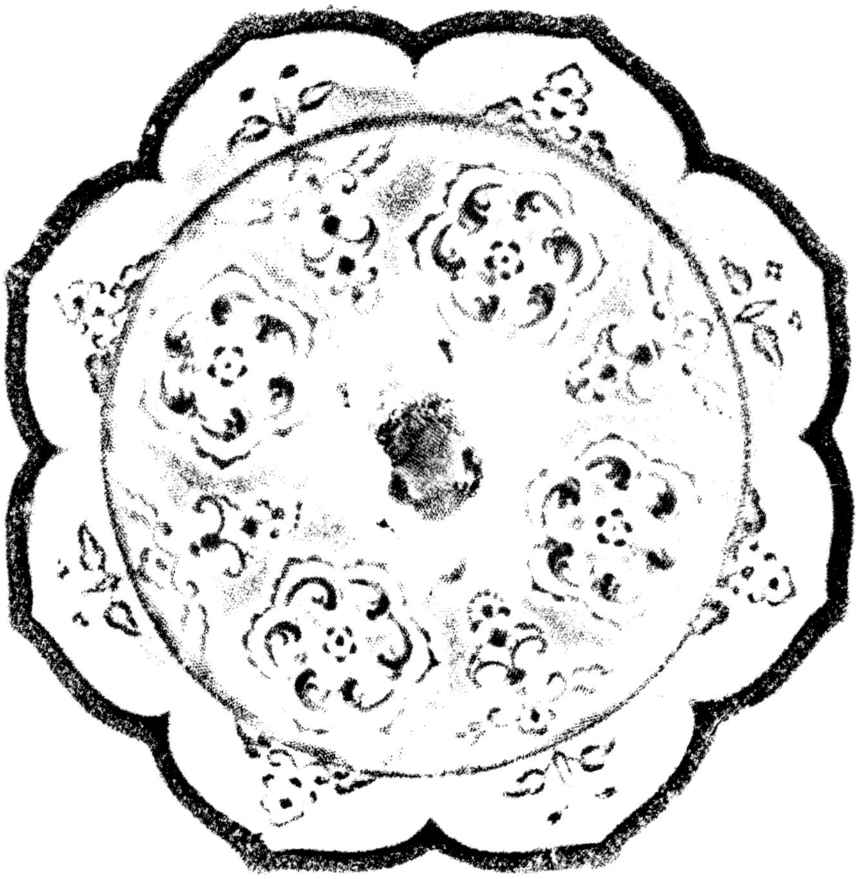

宝相花镜

唐

直径 12.7 厘米

2019 年山西省运城市新绛县公安局移交

八出菱花形，伏兽钮。主纹为四朵宝相花相间环绕排列。

“花发无冬夏”铭六簇团花纹镜

唐

直径 12.5 厘米

旧藏

圆形。圆钮，圆钮座。六簇团花环钮而列，团花均为四朵花蕊；团花间饰花卉纹。外为一周铭文：“花发无冬夏，临台晓夜明，偏识秦楼意，能照美妆成。”

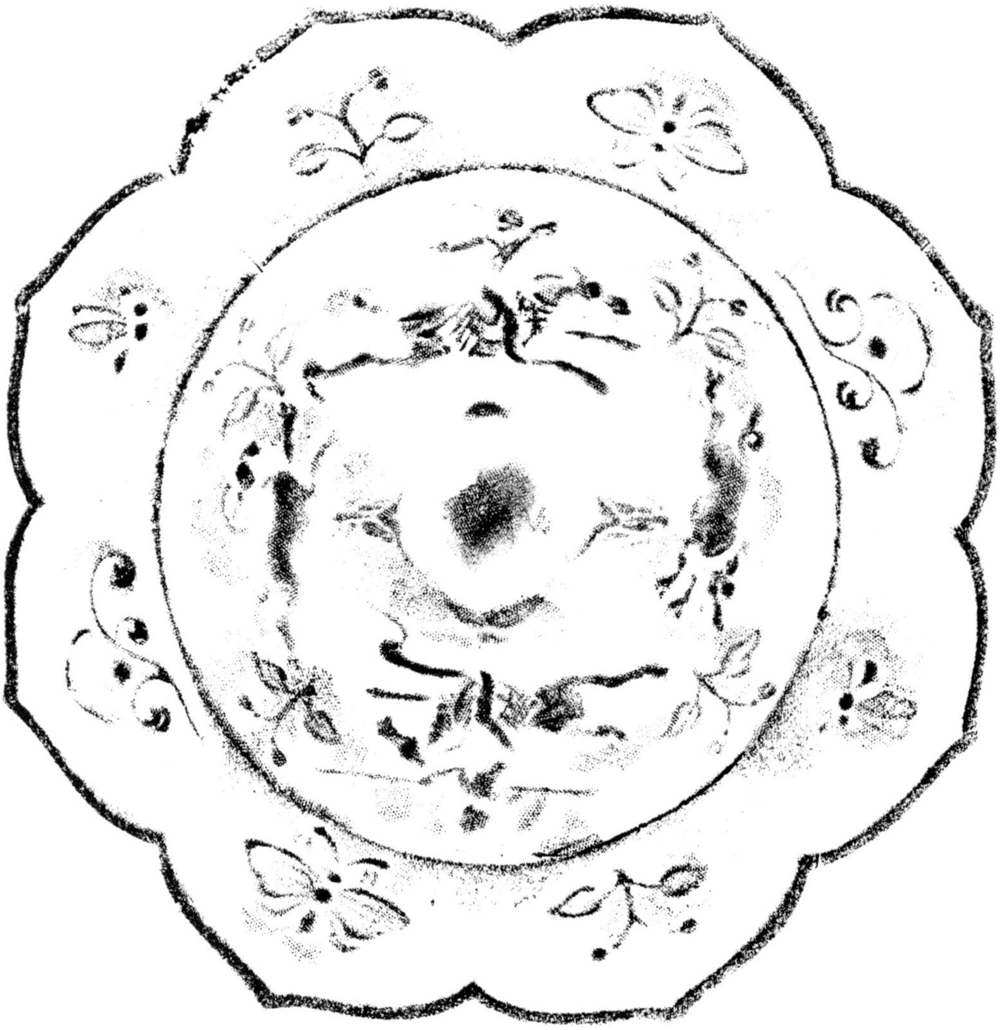

狩猎纹镜

唐

直径 15.8 厘米

2019 年山西省运城市闻喜县公安局移交

八出菱花形，圆钮。主纹为展现山林狩猎的情景，两猎手一持枪跃马，一挽弓欲射，对称分布；上、下两座山峰，鹿、野猪、怪熊，惊恐万状，四散逃窜，空间点缀花枝；近缘处饰蜂蝶、花枝、流云。

榮啓奇
問曰答
孔夫子

“荣启奇问曰答孔夫子”铭故事镜

唐
直径 13.2 厘米
1979 年山西省太原市电解铜厂拣选

八出葵花形。圆钮，素缘。左侧人物头戴峨冠，右手持杖，左手前挥似在发问；右侧人物戴冠着裘，左手持琴。下方为一垂柳；上方框三界格内刻铭“荣启奇问曰答孔夫子”九字。从铭文知，左为孔子，右为荣启奇（期）。

铭文取材于《列子·天瑞》：“孔子游于泰山，见荣启期行乎郕之野，鹿裘带索，鼓琴而歌。孔子问曰：‘先生何乐也？’对曰：‘吾乐甚多，天生万物，唯人为贵，吾得为人，是一乐也；男女之别，男尊女卑，故以男为贵，吾既得为男矣，是二乐也；人生有不见日月，不免襁褓者，吾既以行年九十矣，是三乐也’。”故此镜又名三乐镜。

“荣启奇问曰答孔夫子”铭故事镜

唐

直径 12.5 厘米

2014 年于山西省文物交流中心征集

圆形。圆钮，窄素缘。左侧人物头戴峨冠，右手持杖，左手前挥，似在发问；右侧人物戴冠着裘，左手持琴。上方框三界格内刻铭“荣启奇问曰答孔夫子”九字；下方为一株垂柳。

榮啓奇
問曰荅
孔夫子

云龙纹镜

唐

直径 12.6 厘米

1979 年山西省太原市电解铜厂拣选

八出葵花形。圆钮，宽素缘。主纹以镜钮为龙珠，一条巨龙腾身回首，作吞珠状，周边祥云环绕。

形神相識

“精金百炼”铭八卦纹方镜

唐

边长 15.3 厘米

2018 年于山西省文物交流中心征集

圆角方形，圆钮，窄素缘。八卦作方形环钮排列，其外一周铭文：“精金百炼，有鉴思极，子育长生，形神相识。”

“程家造作”铭八卦纹镜

唐

边长 13.6 厘米

2019 年山西省运城市闻喜县公安局移交

近正方形。圆钮，花瓣纹钮座。主纹为八卦，在乾、坤、兑、艮四卦处对应铸“程家造作”四字。宽素缘。

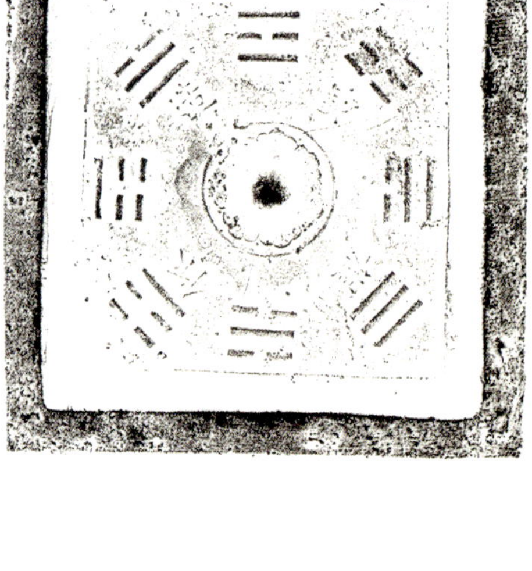

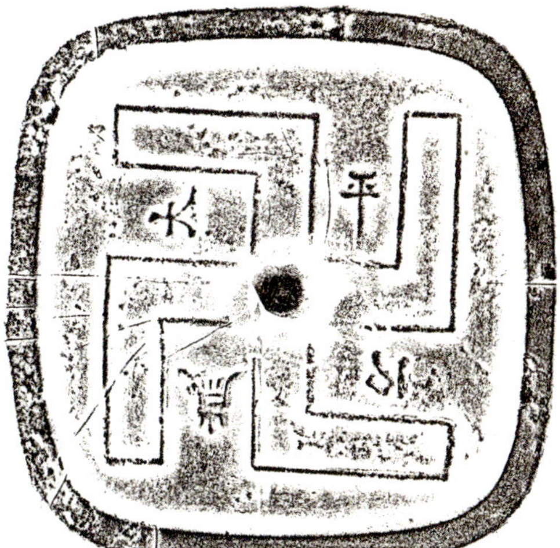

“太平万岁”铭万字纹镜

唐
边长 9 厘米
旧藏

方形圆角。圆钮，宽素缘。主纹以镜钮为中心作双线“卍”形，在“卍”形中排列“太平万岁”四字，含吉祥之意。

“阴精百炼”铭八卦纹镜

唐

直径 20.9 厘米

旧藏

圆形。龟形钮，八边形钮座，宽素缘。主纹区由两道凸弦纹分为三区，由内及外依次为八卦图像、十二生肖图案、“水银呈阴精，百炼得为镜，八封寿象备，卫神永保命”铭。

万字纹镜

唐

边长 16 厘米

2019 年山西省运城市新绛县公安局移交

倭角方形，半环形钮。主纹以钮为中心作双线“卍”形，梵文寓意“吉祥万德之所集”。

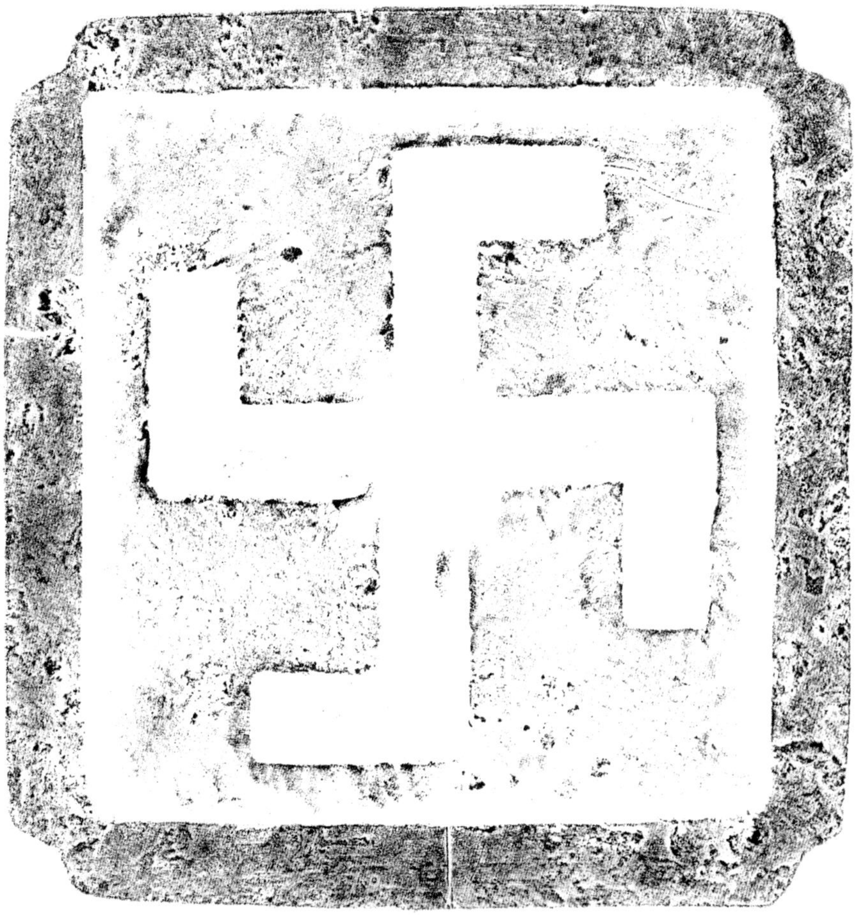

弦纹素镜

唐

直径 8.6 厘米

旧藏

圆形，圆钮，卷缘。钮座之外凸起一圈弦纹，余皆光素无纹。

花卉纹镜

辽

直径 19.9 厘米

1979 年山西省太原市电解铜厂拣选

圆形。圆钮，花瓣纹钮座，窄素缘。主纹区四朵盛开的菊花，间隔四朵花瓣，由花茎连接绕钮环列。

迦陵频伽纹方镜

辽
边长 15.2 厘米
2014 年于山西省文物交流中心征集

正方形。圆钮，菊瓣纹钮座，窄素缘。主纹区饰二人首鸟身的迦陵频伽形象，头戴花冠，手捧宝物，羽翼舒展，尾羽较长似花卉状。圆形开光与镜缘间填饰海波纹，纹饰细密繁复。

“福寿家安”铭双圈铭文镜

宋

直径 14.3 厘米

1979 年山西省太原市电解铜厂拣选

八出菱花形，窄素缘。主纹区由两周凸弦纹分为内外两区，内区铭“福寿家安”，字间各填一“喜”字图案；外区铭“清素传家，永用宝鉴”。

“霍篌复之”铭方镜

宋

长 15.8，宽 10.7 厘米

2018 年于山西省文物交流中心征集

长方形，圆钮。竖行“霍篌复之”四字铭文。

湖州石念二叔镜

宋

直径 11 厘米

旧藏

六出葵花形。小圆钮，素缘。右侧长方框内分两行铭“湖州真石家念二叔照子”十字。

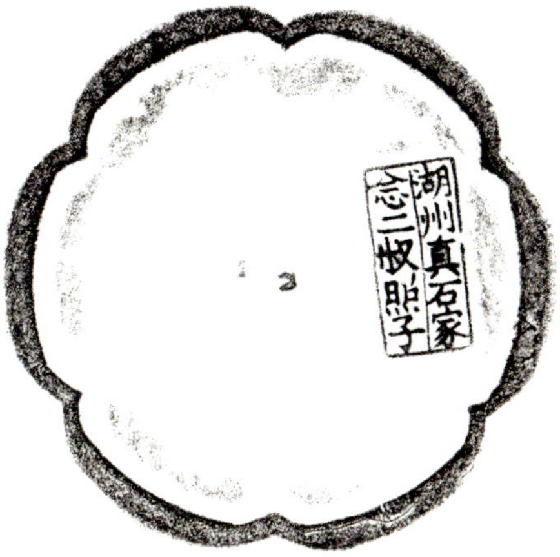

缠枝花卉纹镜

宋

直径 30.6 厘米

旧藏

菱花形，圆钮。主纹为缠枝花卉，一支蜿蜒柔长的枝蔓从钮座伸出，逶迤回卷分为四支，将镜背均分为四区，枝顶花朵盛开，用双线勾勒出错落有致的茎叶。

缠枝花卉纹镜

宋

直径 24.7 厘米

旧藏

圆形。圆钮，窄素缘。主纹为缠枝花卉，缠枝绕钮环列；外为一周连珠纹。

“王质观弈”故事镜

宋

直径 11.5 厘米

旧藏

八出菱花形，圆钮。右为一大树，后有远山，树下前后两组各二人，着短褐，均一人托物，一人挥手，似为侍者；左上有二人对弈，一人旁观。

此镜主题为“王质观弈”，出自东晋虞喜《志林》：“信安山有石室，王质入其室，见二童子对弈，看之。局未终，视其所执伐薪柯，已烂朽，遂归，乡里已非矣。”

八卦纹镜

宋

直径 15.1 厘米

1985 年山西省太原市电解铜厂拣选

八出菱花形，桥形钮，花瓣纹钮座。主纹区由一道弦纹分为两区：内区饰花卉纹，外区饰一周八卦纹。

“王质观弈”故事镜

宋

直径 11.7 厘米

1971 年山西省太原市冶炼厂拣选

八出菱花形，圆钮。右为一大树，后有远山，树下前后两组各二人，着短褐，均一人托物，一人挥手，似为侍者；左上有二人对弈，一人旁观。此镜主题为“王质观弈”。

仙人龟鹤纹镜

宋

直径 14.4 厘米

1965 年山西省太原市冶炼厂拣选

圆形，圆钮，近缘处设二层台，益显厚重。主纹区，右侧为一仙人，拱手端坐于挺秀的松树下；左侧一仙童，手捧礼物，驾云而来，正躬身行礼。地上一仙鹤回首相望，一灵龟蹒跚前行，口吐云气，寓意龟鹤延年。

“许由巢父”故事镜

宋

直径 14.4 厘米

山西省太原市电解铜厂拣选

八出菱花形，圆钮。左侧为一葱郁大树，树下坐一老伯，浇水洗耳。右侧为一年轻男子，欲牵牛离开。下端水波荡漾，中有一花草。

此镜主题为“许由巢父”故事。出自晋皇甫谧《高士传》：“尧让天下于许由，许由不受而逃去，于是遁耕于中岳，颖水之阳，箕山之下。尧又召为九州长，由不欲闻也，洗耳于颖水滨。时其友巢父牵犊欲饮之，见由洗耳。问其故。对曰：‘尧欲召我为九州长，恶闻其声，是故洗耳。’巢父曰：‘子若处高岸深谷，谁能见之？子故浮游，欲闻求其名声，污吾犊口！’牵犊上流饮之。”

连钱锦纹镜

宋

直径 12 厘米

1985 年山西省太原市电解铜厂拣选

八出菱花形，圆钮。主纹区由一周连珠纹分为两区：内区饰连钱锦文，外区饰一周花叶纹。

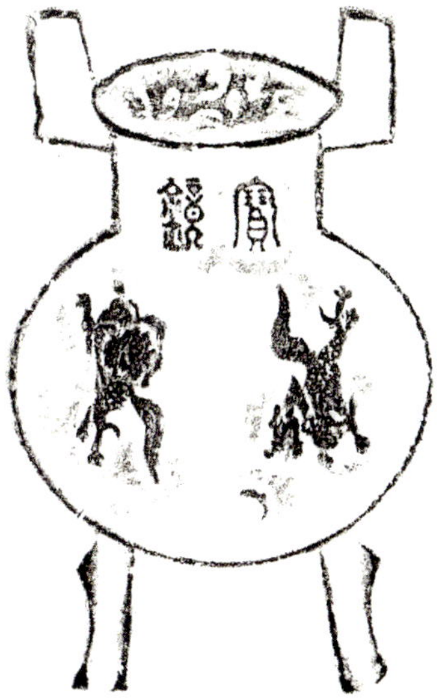

炉形双龙纹镜

宋

高 17.5 厘米，宽 11.5 厘米

1959 年上海博物馆拨交

炉形镜体。主纹为双龙，镜背上端篆书“宝镜”铭。

花鸟纹镜

金

直径 8.9 厘米，柄长 8 厘米

山西省太原市电解铜长拣选

圆形，带柄，宽素缘。主纹区荷叶盛开，莲蓬绽露，芦苇茂密，一只健硕的水鸟立于池边石阶。

犀牛望月方镜

金

边长 14.4 厘米

2019 年山西省运城市闻喜县公安局移交

正方形。圆钮，宽素缘。主纹区由索纹分为上下两区：下区为海崖瑞兽纹，近处海水荡漾，远处崖岸两瑞兽隔钮相望，左似犀牛，抬腿昂首，右为玉兔，立耳蹲坐；上区为变形的对称云纹。

犀牛望月纹镜

金

直径 19.5 厘米

2019 年山西省运城市闻喜县公安局移交

圆形，圆钮。上方一弯新月，月下片片浮云；两侧山水相连，水波荡漾；下方一头卧牛翘首远眺。另有称“吴牛喘月纹镜”者。

“吴牛喘月”语出南朝刘义庆《世说新语·言语》：“满奋畏风，在晋武帝坐；北窗作琉璃屏，实密似疏，奋有难色。帝笑之，奋答曰：‘臣犹吴牛，见月而喘。’”

犀牛望月镜

金

直径 21.6 厘米

2019 年山西省临汾市翼城县公安局移交

圆形。圆钮，素缘。主纹分三部分，上部祥云托起一牙新月；中左波浪起伏，水波之上立一女子，束发高髻；右下崖岸上一男子拱手而立，似为揖别，二人衣带飘飘、腾云驾雾；最下一牛跪卧，一足抬起，回首望月。

犀牛望月镜

金

直径 19 厘米

旧藏

圆形，圆钮。两侧波浪起伏，左右各立一束发高髻的女子，手持宝物，衣带飘飘；上部祥云托着一轮新月；下方一牛跪卧，昂首望月。

犀牛望月镜

金

直径 13 厘米

2018 年于山西省文物交流中心征集

圆形。圆钮，宽素缘。主纹区满饰水波纹，上、下各有祥云托起一弯新月；左侧一牛俯首立于岩石边，似为凝望水中之月；右侧一仙人，腾驾祥云，回首仰望天上之月。

仙人观瀑纹镜

金

直径 10.1 厘米

旧藏

圆形。圆钮，宽素缘。右侧镜缘处一片竹林，直通上方，竹边石板一仙人拱手而立；左侧高岩之上瀑布倾泻而下；下为深潭，水花飞溅，水波荡漾。

妇人观瀑纹镜

金

直径 17.6 厘米

1985 年山西省太原市电解铜厂拣选

圆形，圆钮。左侧近缘处数株芦苇，随风飘摆，旁边岩石上一妇人席地而坐，童子侍立其后；右侧山石峭立，瀑布直流而下，下有深潭，波光粼粼；飞瀑上空中，一寿星，一童子，驻足细语，旁有两水鸟飞过。

双鱼纹镜

金

长 18.5 厘米

2018 年于山西省文物交流中心征集

圆形，带柄，圆钮。主纹饰水波底纹，左右两侧各一条鲤鱼，头尾相接，摇头摆尾，似在水中游动。

双龙纹镜

金

直径 18.6 厘米

山西省太原市电解铜厂拣选

圆形，圆钮，素缘。主纹为两条张牙舞爪的龙，环钮而列，近缘处饰一周如意云纹。

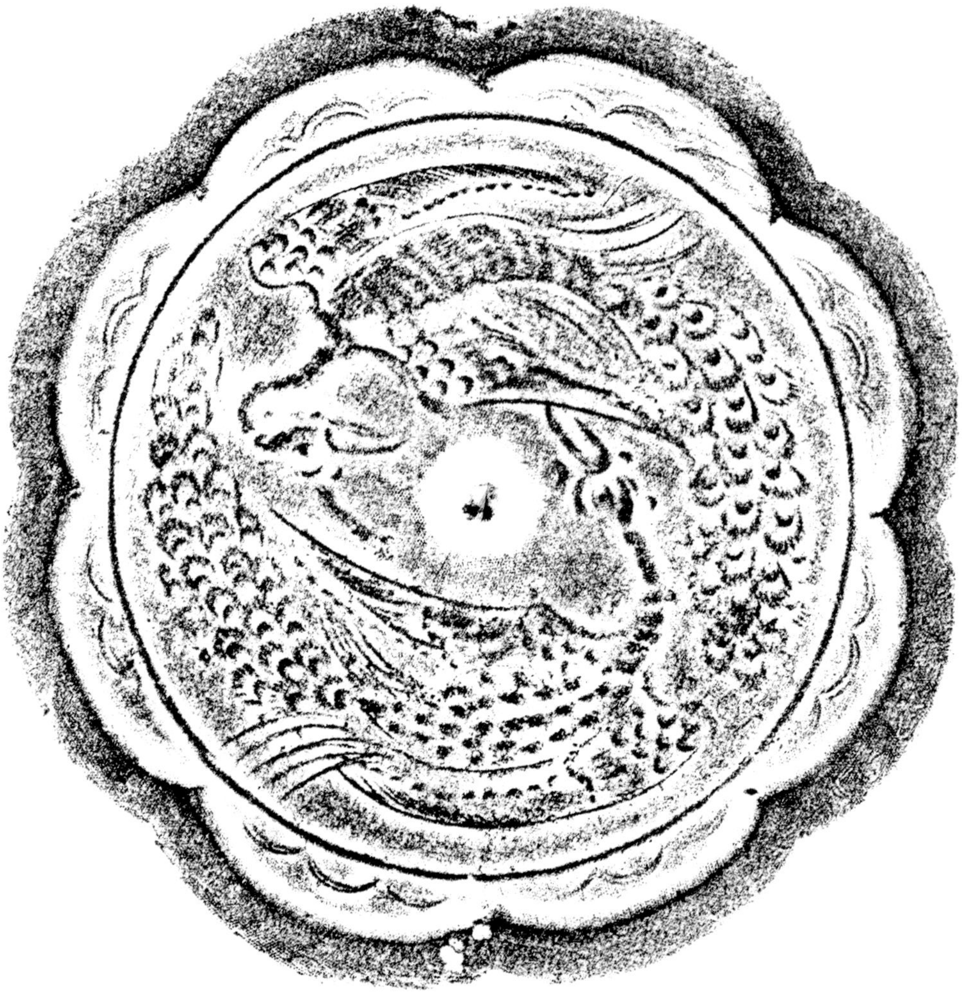

双凤纹镜

金

直径 15.1 厘米

2019 年山西省运城市闻喜县公安局移交

八出葵花形，圆钮。主纹为首尾相接展翅欲飞的双凤，凤羽华丽。边缘刻记“阳城县官造”五字。

瑞兽纹镜

金
直径 11.5 厘米
2018 年于山西省文物交流中心征集

圆形，圆钮，窄缘。主纹区三瑞兽呈奔跑状，绕钮环列；其外，栉齿纹、锯齿纹、双折线纹各一周。

缠枝花卉纹镜

金

直径 11.1 厘米

旧藏

八出葵花形。小圆钮，散点连珠钮座。主纹饰为四盛开的花朵，花枝繁茂，近缘处饰一周连珠纹。

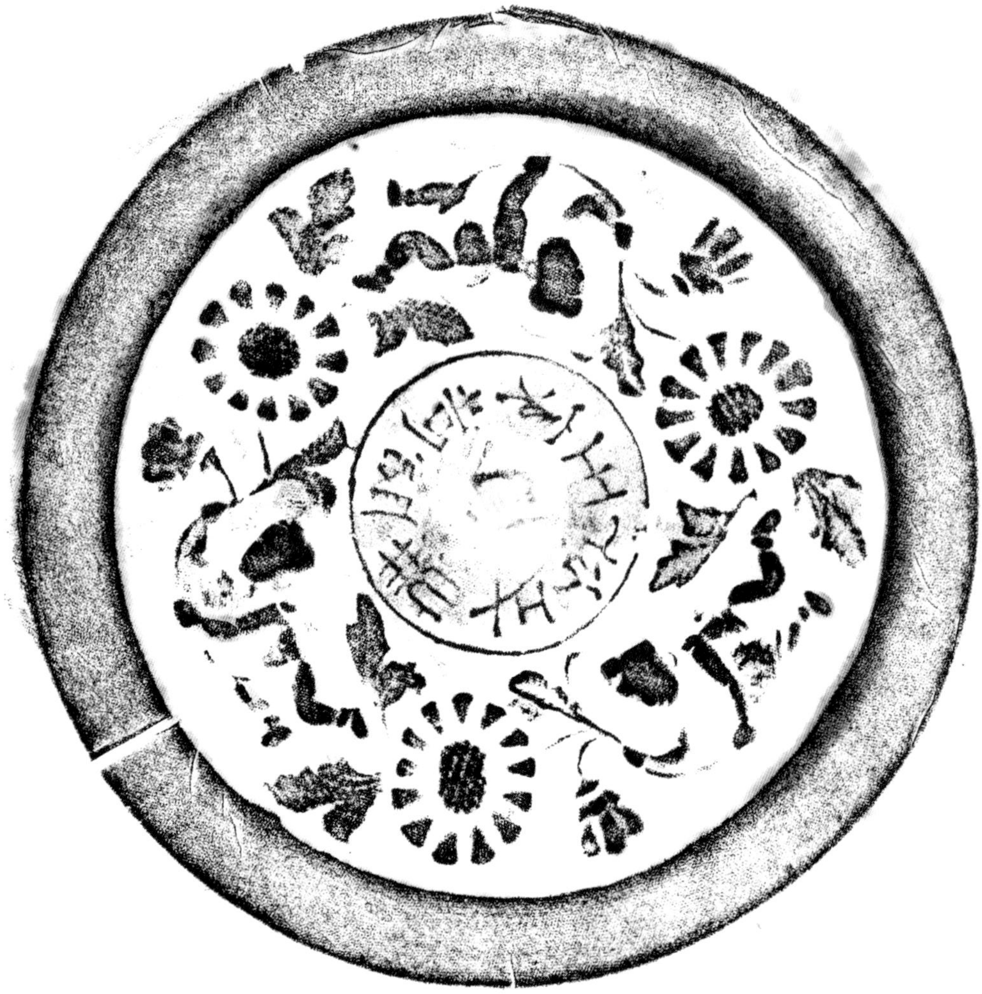

三童攀花镜

金
直径 13.8 厘米
1980 年山西省太原市电解铜厂拣选

圆形，弓钮。钮外一周弦纹，内铭“盘沟左字王家造”。主纹区浅浮雕三童子攀折花枝图案，绕钮环列。

祝寿人物镜

金

直径 33 厘米

1984 年山西省太原市陈德才捐赠

圆形，圆钮，窄素缘。背左侧一株茂盛的大树，树下一老者，宽衣博带端坐于石阶上，头有背光；其后左右分立一童子和一仙鹤，座前一灵龟蹒跚前行，口吐祥云。右侧山石中有两门虚掩，门上阴线刻划“龟鹤齐年”四字。镜钮下方为湍急的水流。

“柳毅传书”故事镜

金

直径 17.5 厘米

1982 年山西省太原市电解铜厂拣选

圆形，圆钮，宽素缘。上方左侧一棵大树，枝繁叶茂，树下一男一女在对话，其后方有五只小羊或吃草、或跪卧、或奔跑，姿态不一；右侧一童子，牵马站立。下方一条长线将水陆分开，水流湍急，两条大鱼嬉戏其中。此镜主题为“柳毅传书”，缘自唐李朝威《柳毅传》。

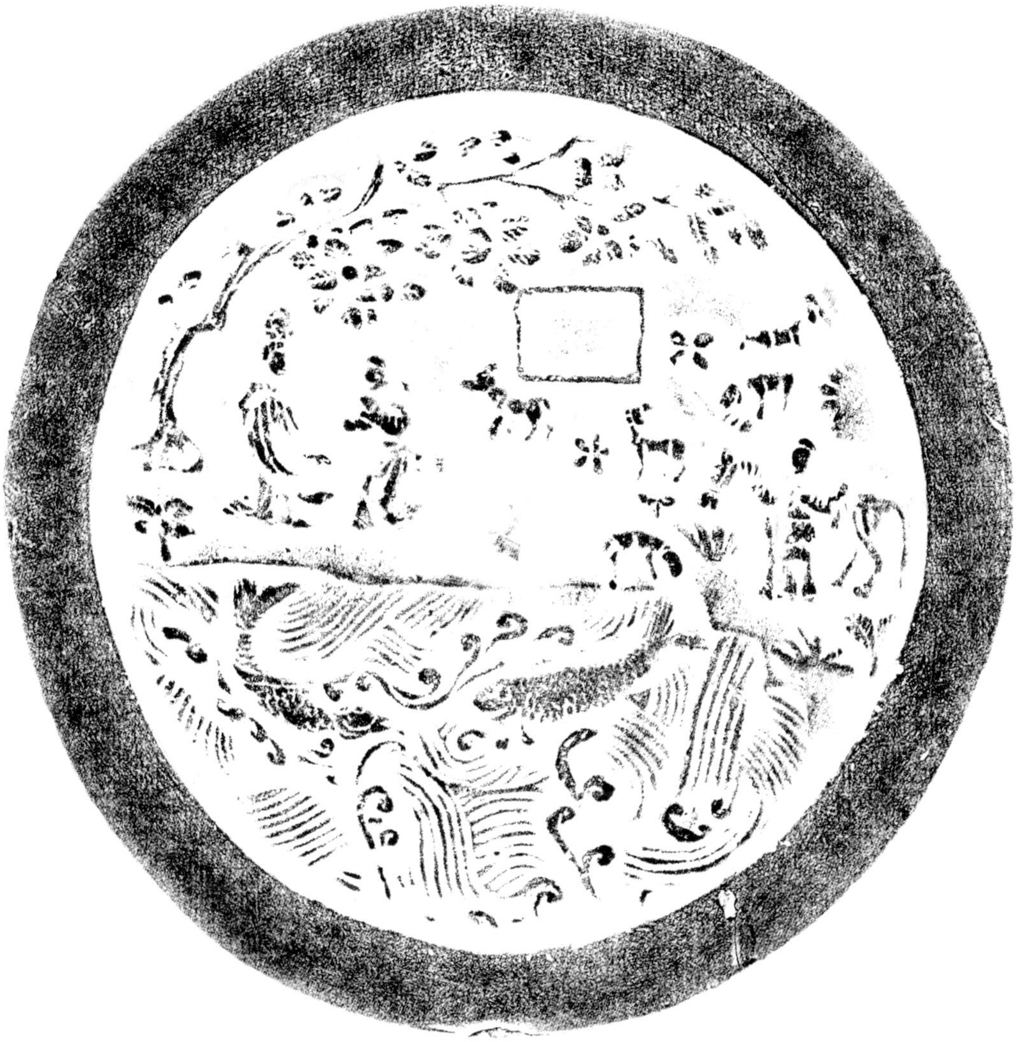

祝寿人物镜

金

直径 16.6 厘米

旧藏

圆形。圆钮，素缘。右侧山石上端坐一仙人，旁立一童女，手指前方，二人似在述说什么，旁挺立一仙鹤，回首梳理羽毛；左侧一松树，挺拔茂密，树下一石门虚掩，门前一侍者，手捧灵芝，敬献长者。下方为汩汩翻滚的山泉。

“泰和四年”铭花卉纹镜

金
直径 12.8 厘米
2018 年于山西省文物交流中心征集

八出菱花形。小圆钮，菊瓣纹钮座，素缘。主纹区四花枝呈“S”形绕钮环列，枝顶花瓣盛开。边缘上有“泰和四年襄陵官匠”刻记。

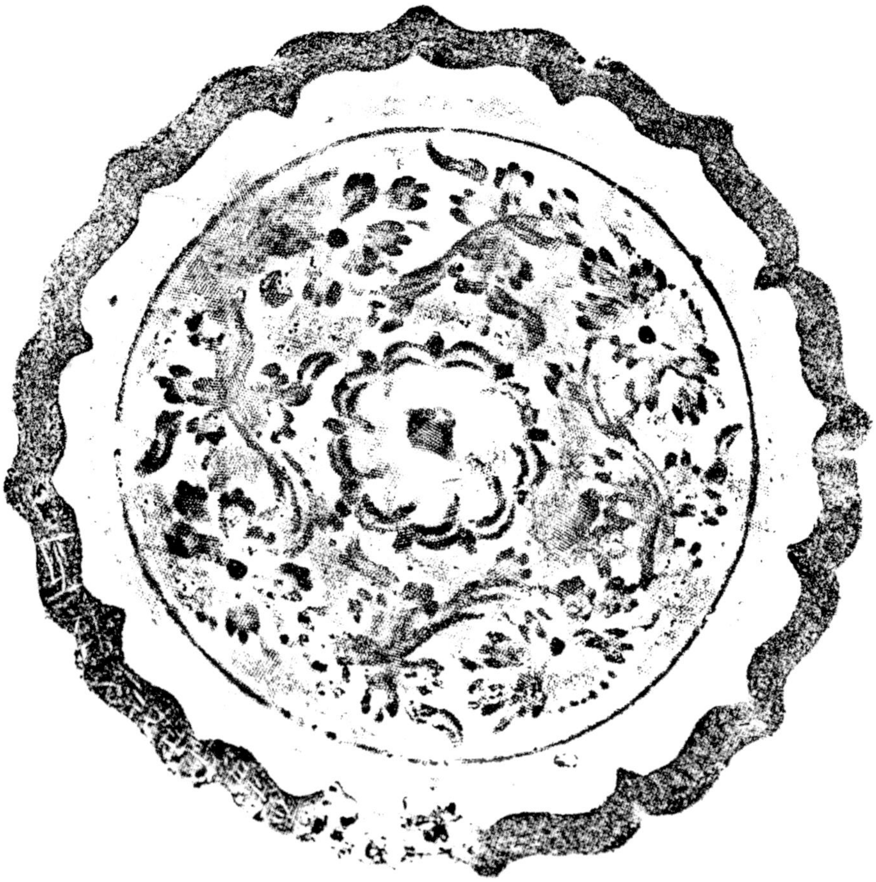

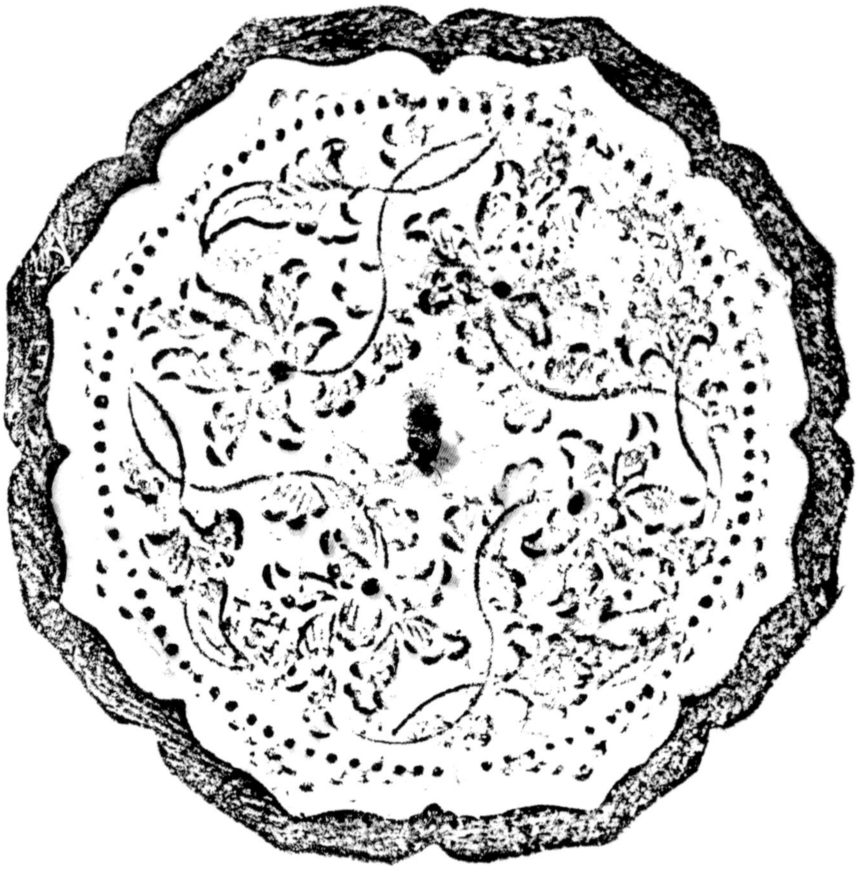

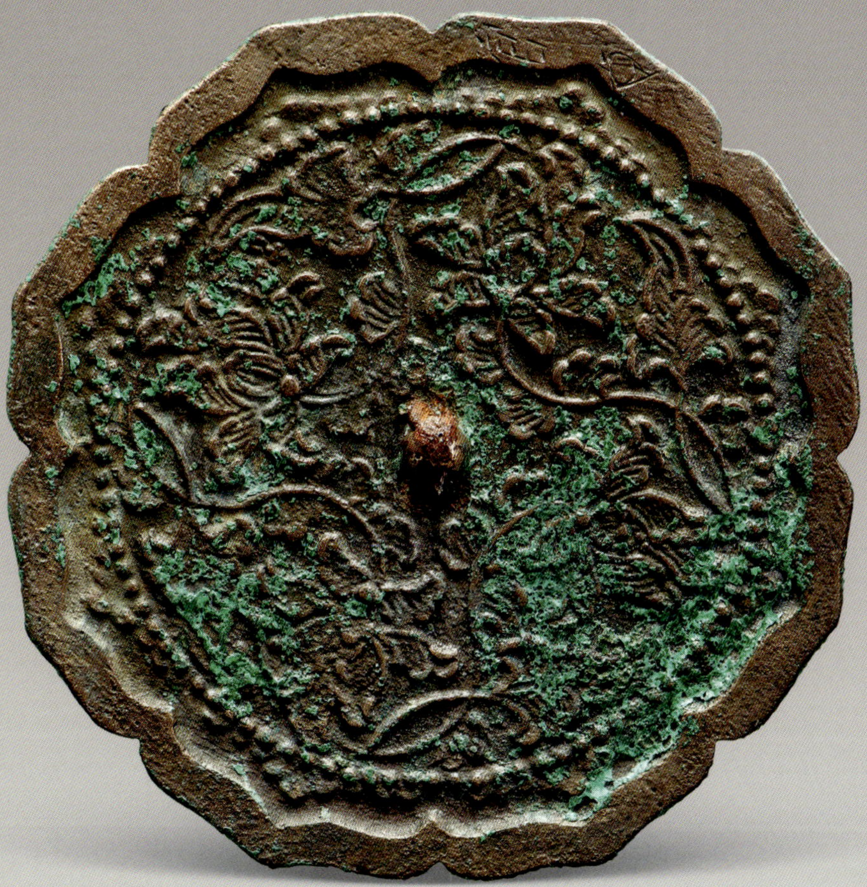

“官匠”铭缠枝花卉纹镜

金

直径 11.5 厘米

2018 年于山西省文物交流中心征集

八出菱花形，小圆钮。主纹饰为四朵盛开的牡丹，环钮而列，枝叶繁密；近缘处饰一周连珠纹。镜缘刻记“官匠”铭。

“□□□验官匠”铭连钱锦纹镜

金

直径 11.3 厘米

2018 年于山西省文物交流中心征集

八出菱花形，小圆钮。主纹区满饰连钱纹，内填小花瓣；外为一周连珠纹。镜缘刻“□□□验官匠”铭。

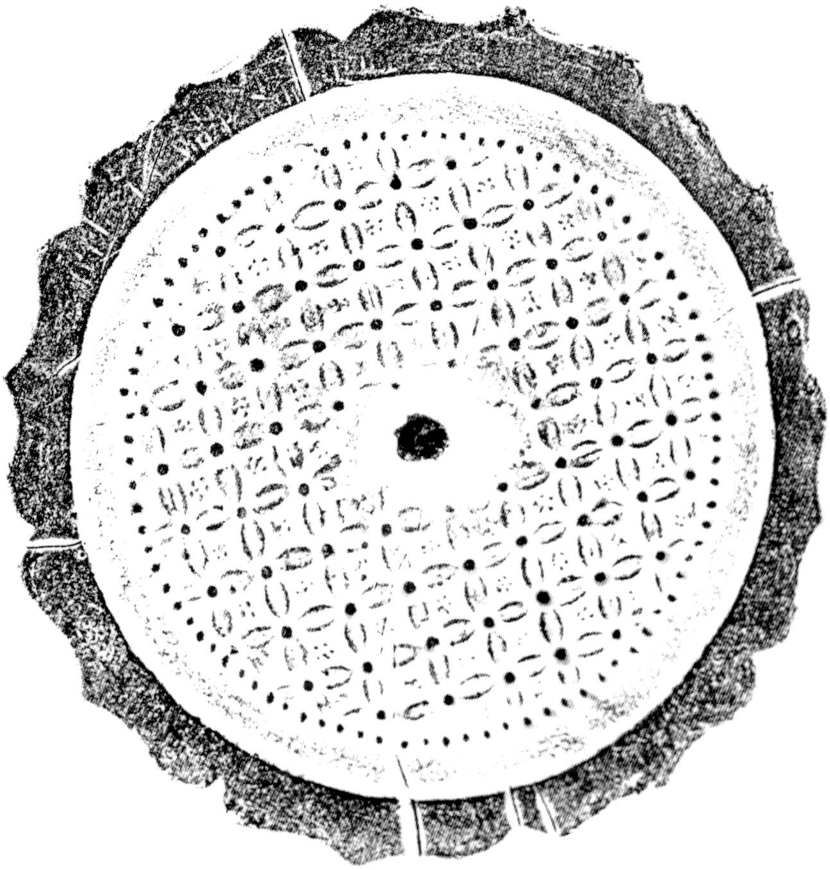

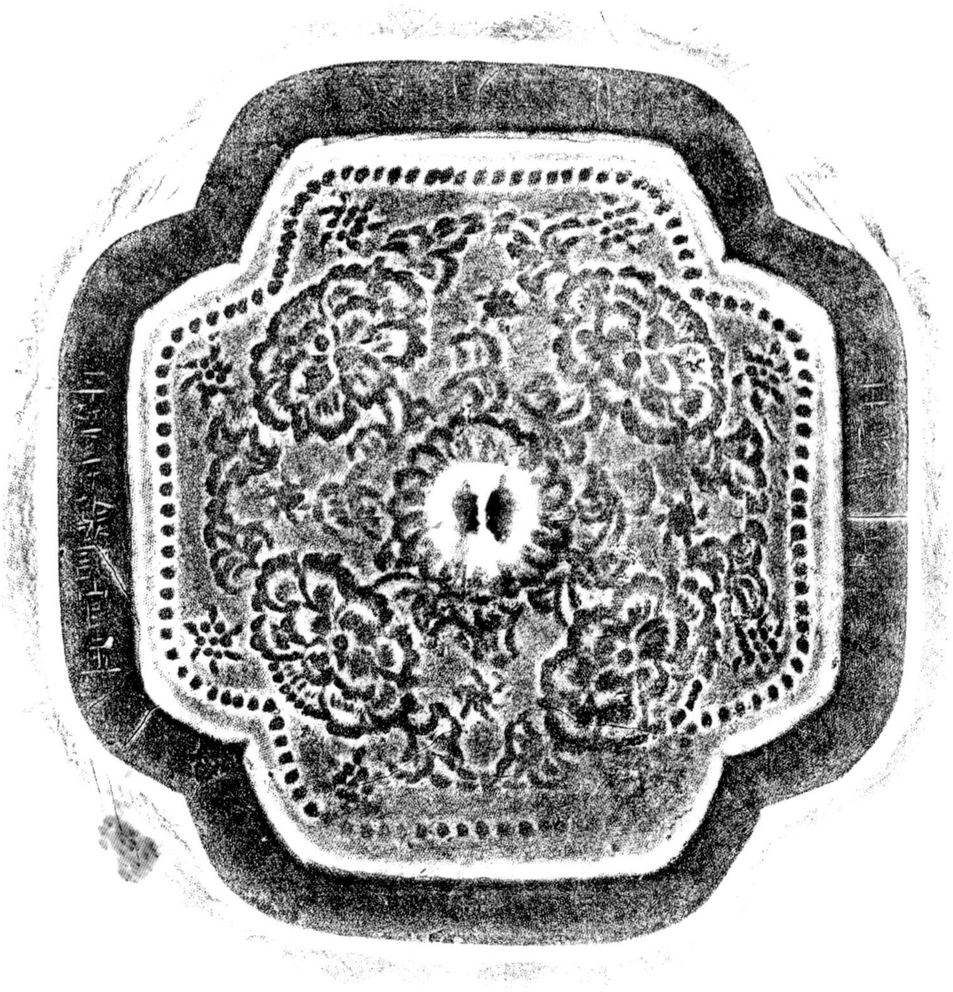

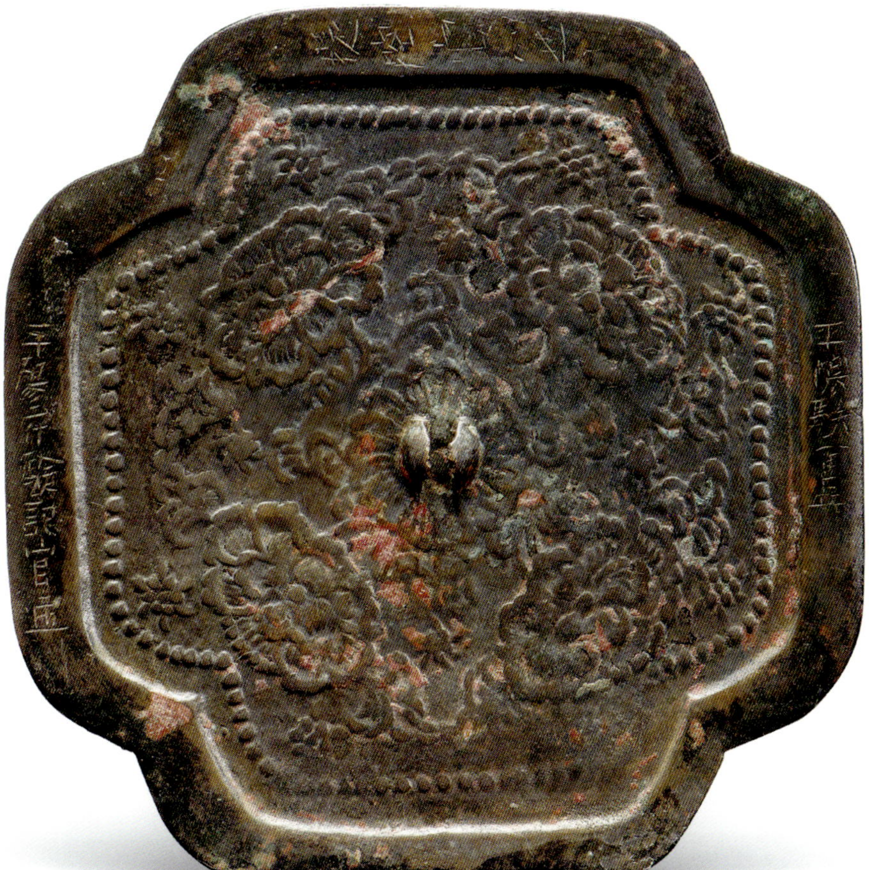

“平阳府验记官匠”铭花卉纹镜

金

直径 15.3 厘米

2018 年于山西省文物交流中心征集

“亞”字形。钮残，菊瓣纹钮座。座四方各伸出一支盛开的菊花，正对“亞”字形内角，镜缘内侧依形饰一周连珠纹。左镜缘刻记“平阳府验记官匠”，右刻“平阳验官匠”，上刻“提控官□”。

“聚记官匠”铭人物山水纹镜

金

直径 11.5 厘米

2018 年于山西省文物交流中心征集

圆形。平顶圆钮，窄缘。主纹为一妇人立于岸边，似在观望前方之小溪流水。缘上刻“聚记官匠”铭。

鸳鸯荷叶纹镜

金

直径 10.6 厘米，柄长 9.8 厘米

旧藏

菱花形带柄。主纹饰为一对鸳鸯于荷塘中嬉戏，天空中两只大雁展翅飞翔，手柄处装饰有荷叶、莲蓬等纹饰。

摩羯纹镜

金

直径 10.3 厘米，柄长 8.8 厘米

山西省太原市电解铜厂拣选

圆形带柄，窄素缘。主纹饰为一条奋力疾游于惊涛骇浪中的摩羯，龙首鱼身，角伏须飞，瞠目张口吐舌；上端祥云缭绕。

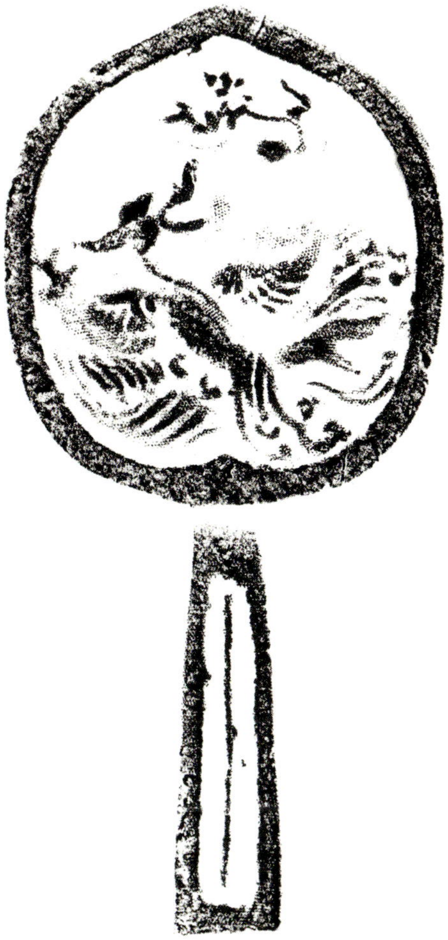

摩羯纹镜

金

长 13 厘米

2018 年于山西省文物交流中心征集

桃形，带柄。主纹为一龙首鱼身的摩羯，正奋力疾游于波涛汹涌的海面上，天空中祥云缭绕。

芦雁荷花纹镜

金

直径 7.7 厘米，柄长 7.4 厘米

2018 年于山西省文物交流中心征集

圆形，带柄，圆钮。下方为一弯浅池，一大雁立于其中；左侧芦苇，随风飘摆，右侧莲叶亭亭，荷花盛开；上方芦苇莲荷间，一大雁展翅而飞。

芦雁荷花纹镜

金
直径 14.4 厘米
2018 年于山西省文物交流中心征集

圆形，圆钮。主纹饰荷叶、荷花，缠绕环钮而列，芦雁穿梭其中。

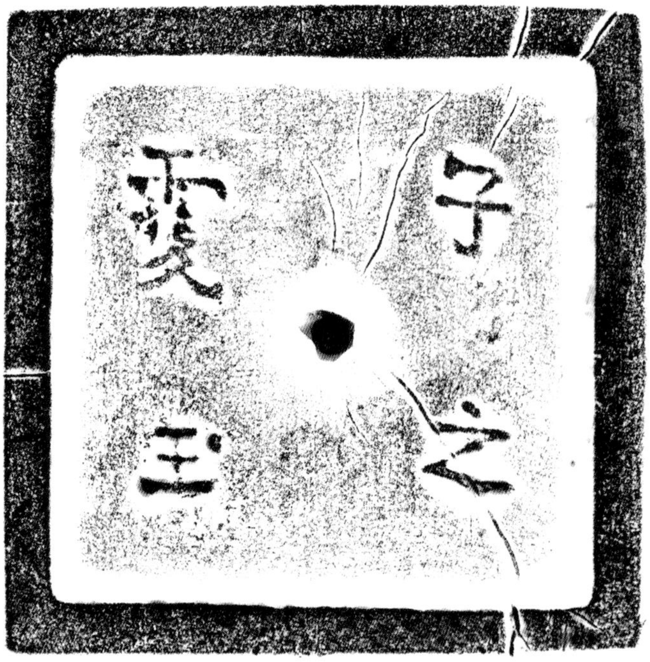
子
之
王
孝

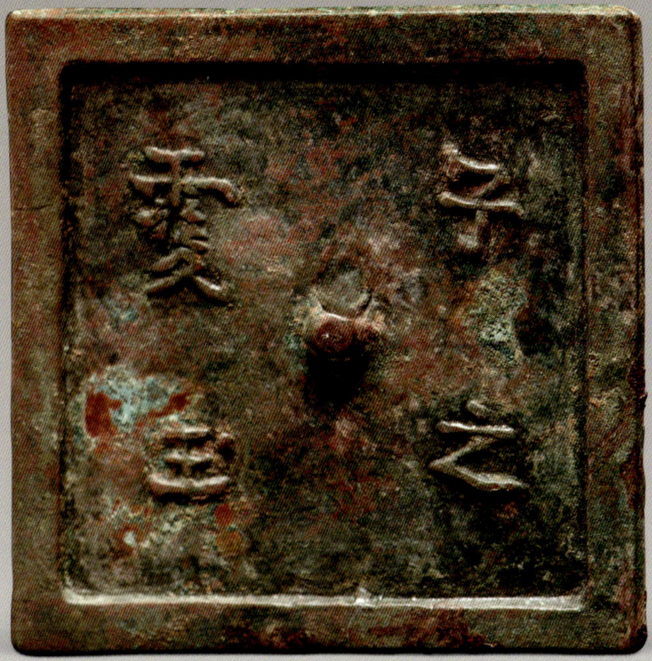

“处子之玉”铭方镜

金

边长 8.5 厘米

2018 年于山西省文物交流中心征集

正方形。环钮，高素缘。素底，铭“处子之玉”四字，顺时针绕钮排列。

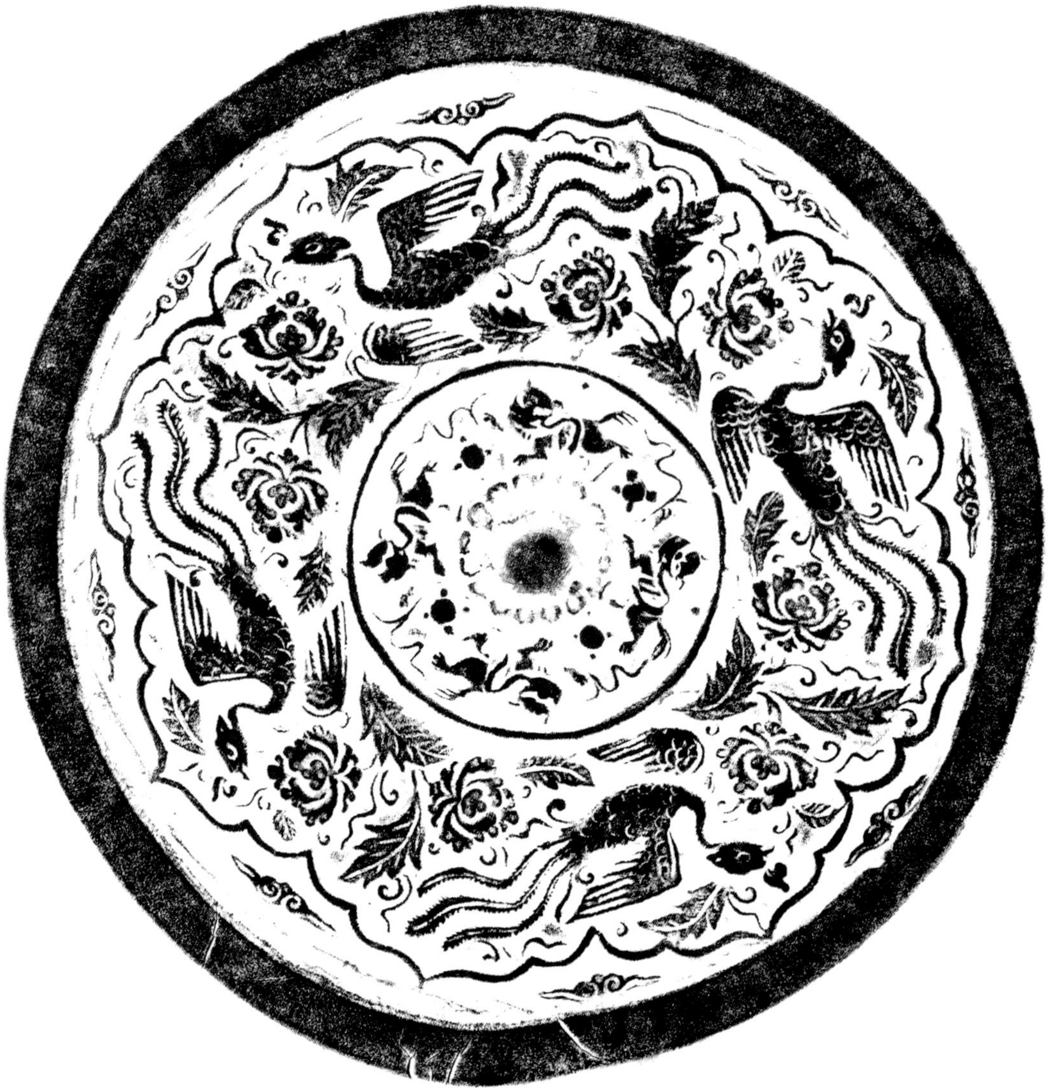

凤鸟牡丹纹镜

宋元
直径 26.1 厘米
旧藏

圆形。圆钮，花瓣纹钮座。主纹区由凸弦纹分为内外两区：内区四瑞兽环钮奔跑；外区四只凤鸟展翅飞舞，牡丹盛开，枝繁叶茂。近缘处饰八出菱花形，间填祥云纹饰。

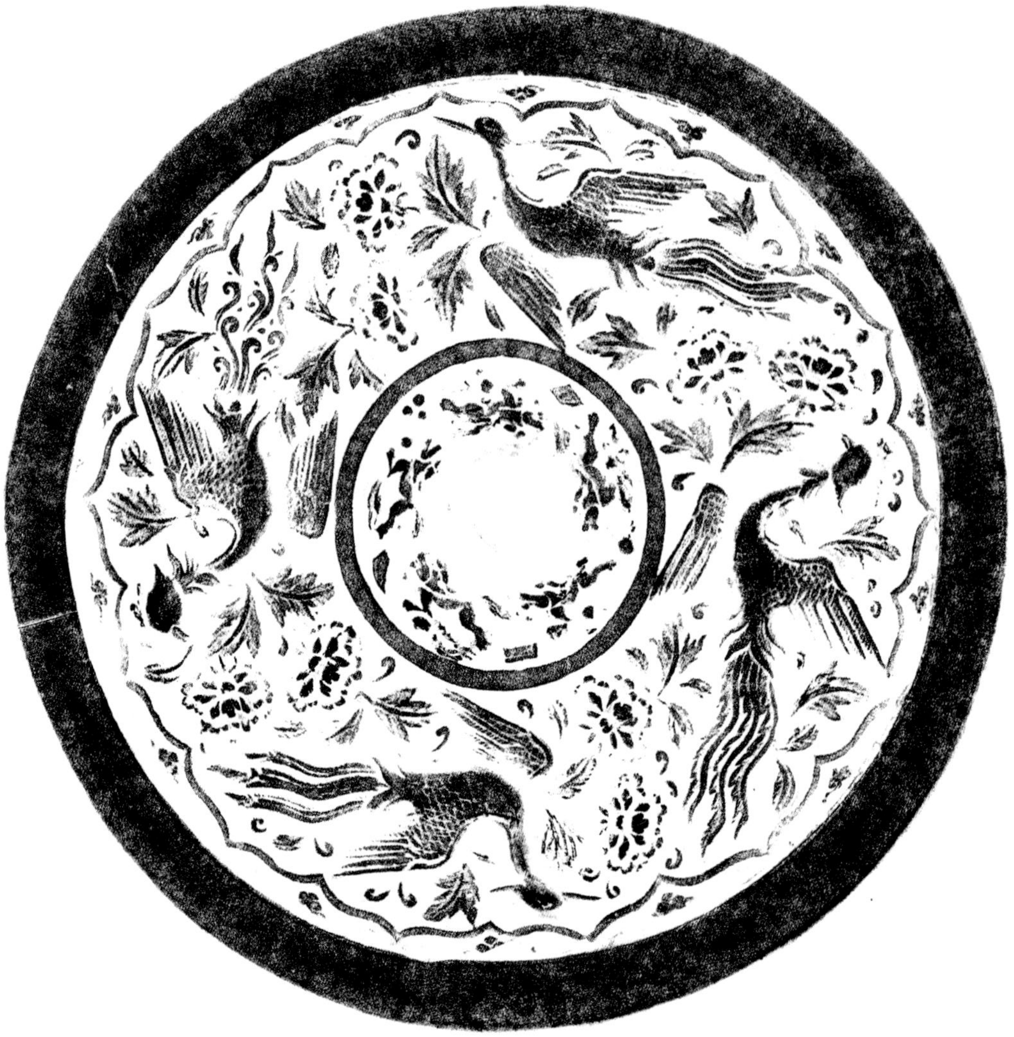

凤鸟牡丹纹镜

元

直径 28.3 厘米

旧藏

圆形。圆钮，菊瓣纹钮座，四瑞兽绕钮环列。主纹为凤鸟牡丹：菱花开光内，四凤鸟振翅飞翔，穿梭于牡丹花卉中。

孔雀牡丹纹镜

元

直径 22.5 厘米

旧藏

圆形。圆钮，四瑞兽环绕钮座。主纹区，牡丹盛开，两只孔雀昂首展翅，尾屏曳地。

仙山宴乐纹镜

元

直径 18.8 厘米

旧藏

圆形，圆钮。上方楼阁和远山在祥云中若隐若现，旁侧一仙人驾鹤而来；下半神仙宴饮图，仙人若干，或端坐，或站立；正下方置一酒樽，众仙随意取引，怡然自得。

盾形花鸟纹镜

元

长 12 厘米，宽 10 厘米

1983 年山西省太原市电解铜厂拣选

盾形，柄残缺。主纹区，花草繁茂，一雌一雄两只孔雀，立于花丛石阶上。

梵文镜

元

直径 8.9 厘米

2019 年山西省运城市闻喜县公安局移交

圆形，圆钮。一周弦纹将镜分为内外区，两区均铸有一周梵文准提咒。

准提菩萨咒文镜

元

直径 9.6 厘米

旧藏

圆形。主纹内区为准提菩萨，结跏趺坐于莲花宝座上，头戴天冠，身着璎珞，伸出十四臂，手持各类法器；外区为一周佛教咒语铭文。镜面外近缘处饰一周梵文咒语。

“洪武二十二年”铭云龙纹镜

明

直径 10.3 厘米

旧藏

圆形。山形钮，窄缘。左侧近缘处长方框内篆书“洪武二十二年正月日造”铭文，主纹饰一条虬曲盘旋的降龙，前爪伸张，遒劲有力，祥云环绕其间。

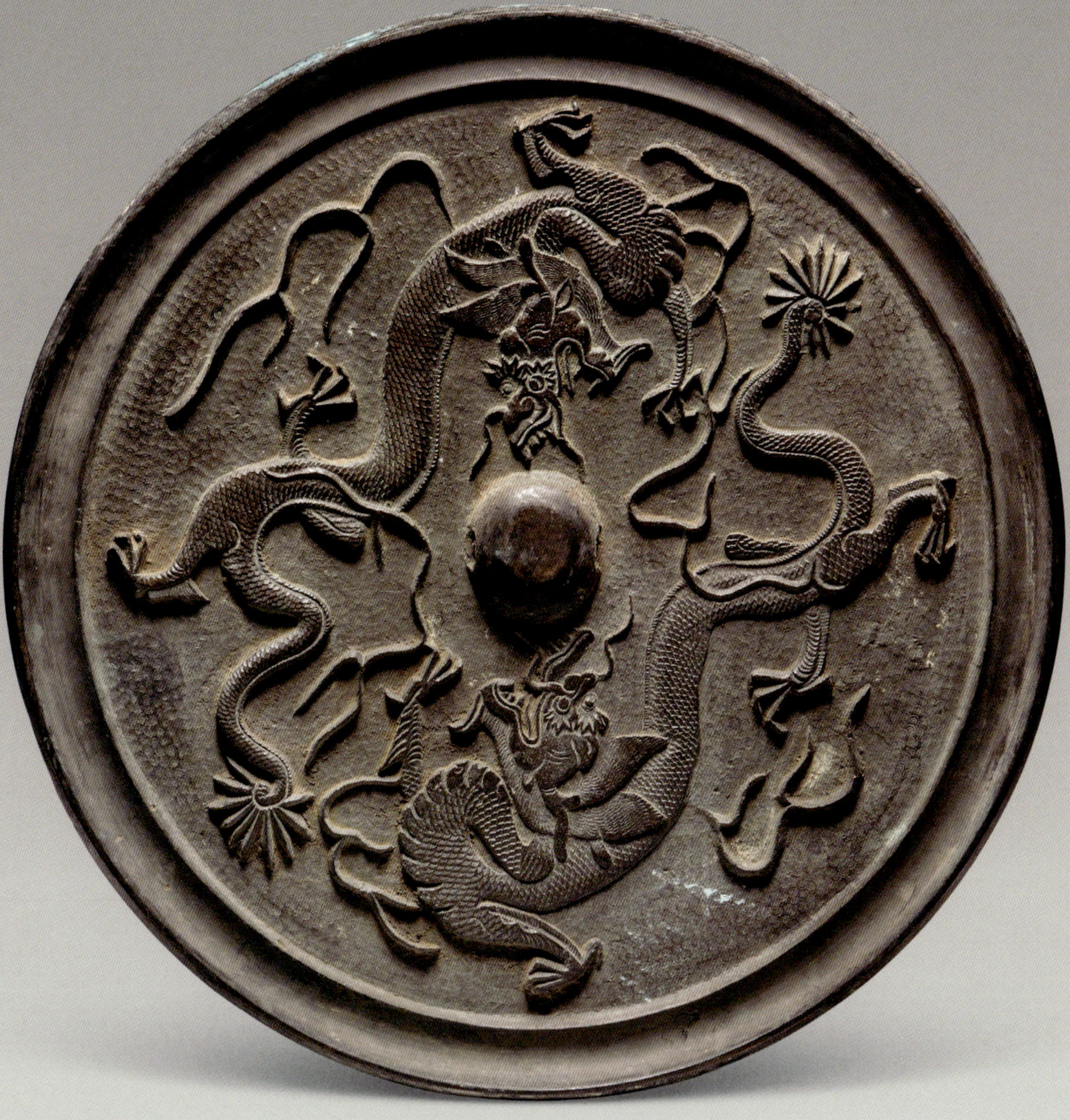

双龙纹镜

明

直径 38.4 厘米

旧藏

圆形，平顶圆钮。主纹为二龙戏珠：两龙张牙舞爪，首尾相接，绕钮盘旋，回首吞珠（镜钮）。

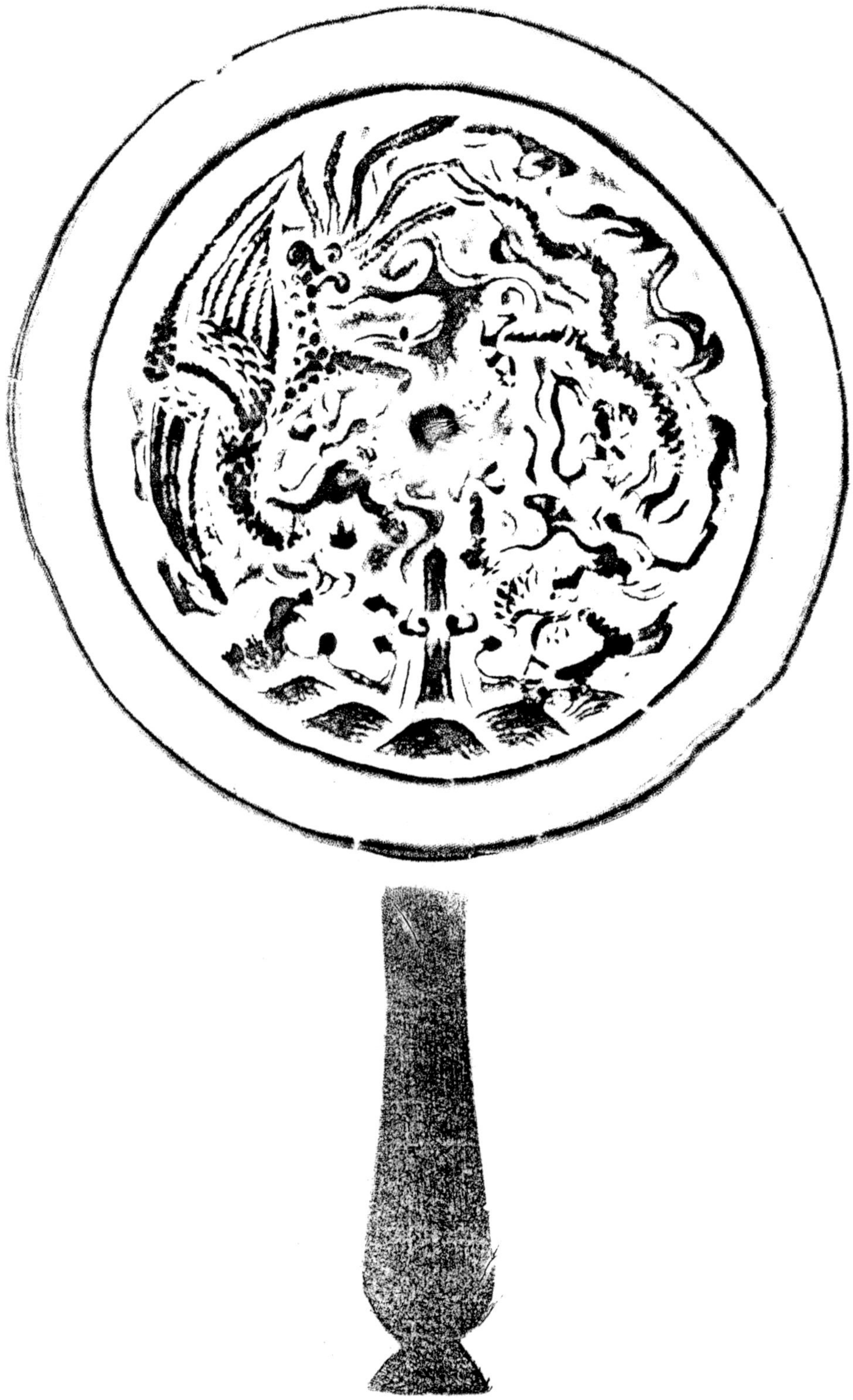

龙凤纹镜

明

直径 14.5 厘米，柄长 10 厘米

旧藏

圆形，带柄，平顶圆钮。龙凤排列在钮的右左两侧，下方为海水江崖纹，海水中央宝山耸立，直插云霄。

龙凤纹镜

明

直径 37.7 厘米

旧藏

圆形，平顶圆钮。钮上刻铭：“默家自造青铜明镜。”主纹区浮雕双龙双凤相间环钮飞腾。

仙阁人物多宝纹镜

明

直径 12.2 厘米

1964 年山西省太原市冶炼厂拣选

圆形，银锭钮。以钮为中轴，近处香炉，远处仙阁楼台；香炉左右，排列方胜、犀角、宝瓶等吉祥纹饰；钮左右各有二人执宝；仙阁左右，仙鹤飞舞，一派祥和仙气。

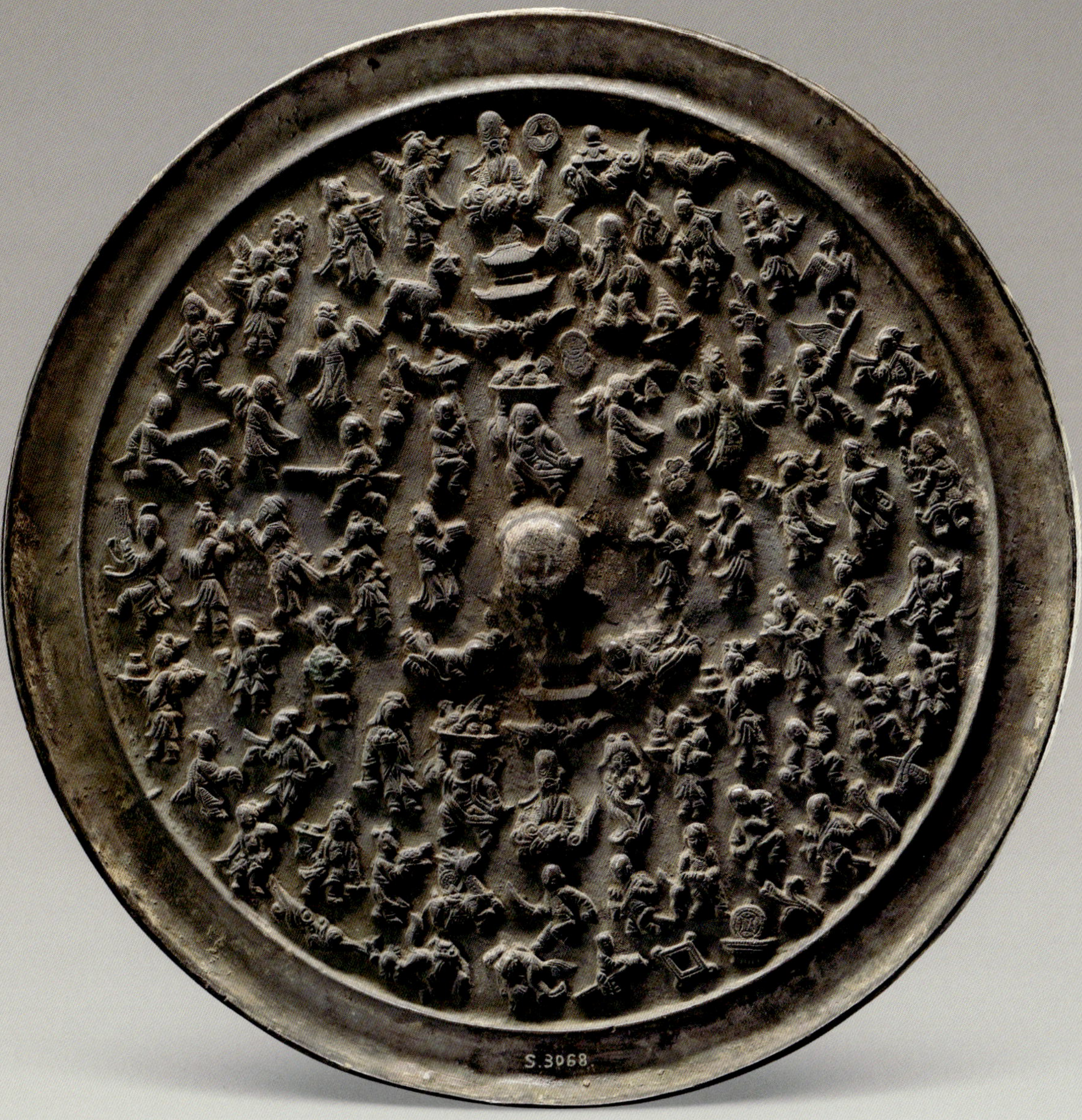

仙阁人物多宝纹镜

明

直径 29 厘米

旧藏

圆形，圆钮。主纹区满饰仙人、婴戏形象，其间穿插多宝纹。

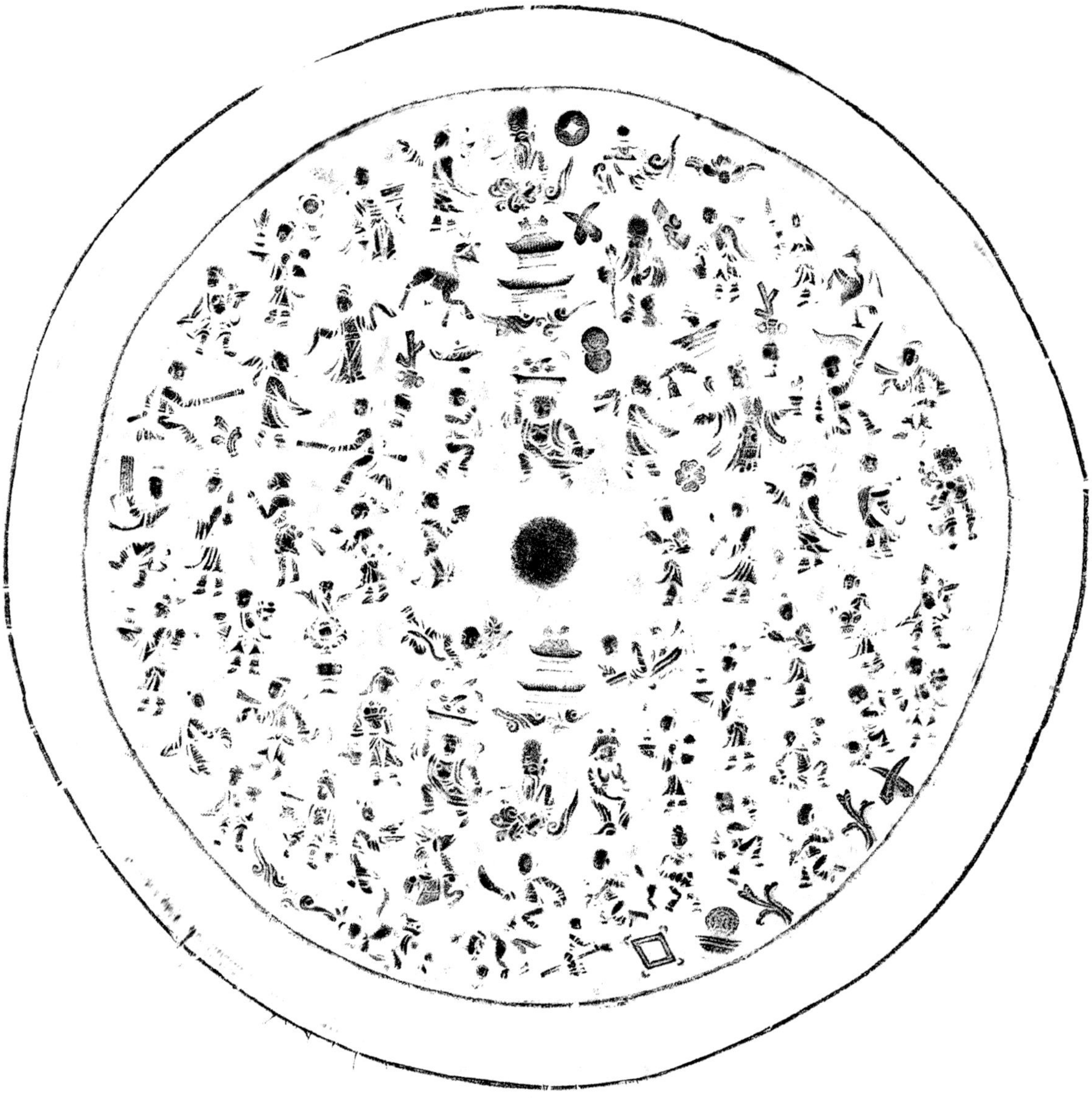

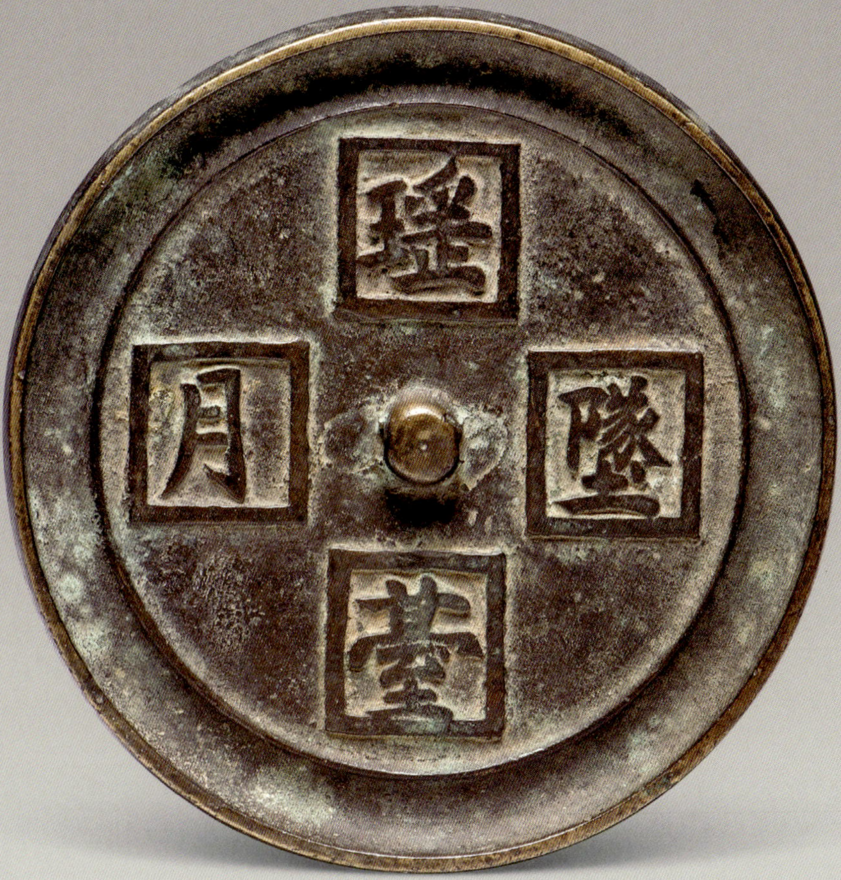

“瑶台坠月”铭文镜

明

直径 14.4 厘米

旧藏

圆形，圆钮。主纹区上下左右各有一方框，分填“瑶台坠月”四字。

人物多宝纹镜

明

直径 14 厘米

2018 年于山西省文物交流中心征集

圆形，圆钮。左侧饰一老者右手高举，左臂下展，目随臂走，似在健身；右侧一年轻男子，手捧宝物，似为敬献；其他自上而下分饰仙鹤、梅花、犀角、祥云、宝钱等吉祥纹。

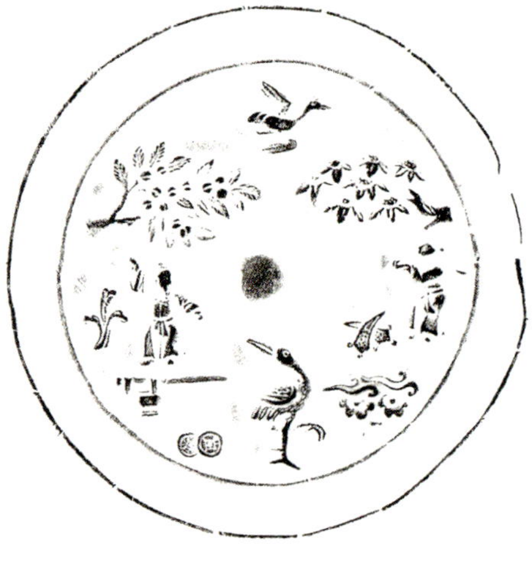

“福禄祯祥”铭文镜

明

直径 26.7 厘米

旧藏

圆形，平顶圆钮。镜背中央两长方形框横竖交叠形成五宫格：镜钮居中，饰纹；其余四格内填“福禄祯祥”铭，按上下右左排列；四扇形格中皆饰纹。

“宫花报禧”铭文镜

明

直径 30.5 厘米

1989 年于辽宁省沈阳市购买

圆形，圆钮。镜背中央两长方形框横竖交叠形成五宫格：镜钮居中，饰云纹；其余四格内填“宫花报禧”铭，格子的近缘两角由吉祥花草图案相连形成一个大圆。

百
歲
團
圓

“百岁团圆”铭双狮纹镜

明

直径 38.8 厘米

旧藏

八出菱花形。平顶圆钮，钮上铭“湖州薛益吾造”。主纹区一周凸弦纹将镜背分为两区，内区四朵如意环钮排列，其外为一周铭文“鉴毛鬓，比秦铜，制菱花，验芙蓉”；外区“百岁团圆”四字在钮右左竖行排列，外饰双狮双绣球及杂宝纹。

飞鹤纹镜

明

直径 16.9 厘米

旧藏

圆形，圆钮，双重莲瓣纹钮座。主纹为一周飞鹤与祥云间隔排列，仙鹤展翅飞翔。

“五子登科”铭文镜

明

直径 38.8 厘米

旧藏

圆形，平顶钮。钮外围有四个凸起的方框，内分填楷书“五子登科”。主纹区饰以仙人、杂宝、童子等；一周相间排列的仙鹤、祥云纹。

团凤纹镜

明

直径 25.2 厘米

旧藏

圆形，平顶圆钮。四只凤鸟衔花枝，展翅卷尾，穿插于祥云中。

掐丝珐琅花鸟纹镜

清

2019 年山西省临汾市翼城县公安局移交

“亞”方形，带柄。镜背和镜柄部以松石绿珐琅料为底色，掐丝勾勒喜鹊、山楂树枝叶和果子、桃花花瓣、花叶的形态。构图逼真生动，色彩绚丽。

“一尘不染”铭方镜

清

边长 8.4 厘米

2018 年于山西省文物交流中心征集

正方形，宽素缘。镜背铭文曰：“既虚其中，亦方其外，一尘不染，万物皆备。湖城薛晋侯造。”

双龙纹镜

清

直径 12.3 厘米

旧藏

圆形，平顶圆钮，钮上饰铭“寿”。镜背髹黑漆，主纹饰为两条张牙舞爪的龙，环钮排列，首尾相接，其间穿插祥云纹。

丹凤朝阳纹方镜

清

边长 12.3 厘米

旧藏

正方形。镜背髹黑漆，略残。主纹为一只凤鸟立于树巅，面朝太阳，引吭长鸣；太阳为红宝石镶嵌。

描金花卉纹镜

清

直径 13.5 厘米，柄长 10.5 厘米

1953 年山西省太原市文物馆移交

圆形，带象牙柄。镜背髹黑漆，主纹为描金牡丹缠枝花卉纹，枝繁叶茂，鲜花盛开。

描金花蝶纹镜

清

直径 10.6 厘米，柄长 10 厘米

1953 年山西省太原市文物馆移交

圆形，带柄。镜背髹黑漆，主纹为描金花卉、飞碟、假山和流水构成的吉祥图案。